DEBUT D'UNE SERIE DE DOCUMENTS
EN COULEUR

L'HOMME
ET
SA SCIENCE
AU TEMPS PRÉSENT

PAR

M. LE DR WOILLEZ

MEMBRE DE L'ACADÉMIE DE MÉDECINE
MÉDECIN HONORAIRE DE L'HÔPITAL DE LA CHARITÉ

PARIS
E. PLON ET Cie, IMPRIMEURS-ÉDITEURS
10, RUE GARANCIÈRE
1877

—

Tous droits réservés.

OUVRAGES DU MÊME AUTEUR

Dictionnaire de diagnostic médical, comprenant le diagnostic raisonné des maladies, leurs signes, les méthodes d'exploration, et l'étude du diagnostic par organe et par région. *Seconde édition.* 1 vol. in-8° de 1,120 pages, avec 310 figures, 1870. (J. B. Baillière, éditeur.)

Traité clinique des maladies aiguës des organes respiratoires. 1 vol. in-8° de xii-646 pages, avec 93 figures sur bois et 8 planches en chromo-lithographie, 1872. (*Ouvrage couronné par l'Institut.* — Prix Montyon, 1872.) Delahaye, éditeur.

Traité clinique de percussion et d'auscultation. 1 vol. in-18, avec figures (*En préparation.*) Delahaye, éditeur.

En vente à la Librairie E. Plon & Cⁱᵉ, rue Garancière, 10

Lettres à un matérialiste sur la pluralité des mondes habités et sur les questions qui s'y rattachent, par Jules BOITEUX. Un volume in-18. Prix.................. 4 fr.

Portraits d'histoire morale et politique du temps, par Ch. DE MAZADE : — Victor Jacquemont, M. Guizot, M. de Montalembert, le Père Lacordaire, le Père Gratry, M. Michelet, madame de Gasparin, madame Swetchine, M. Taine, Alfred Tonnellé. Un beau volume in-18 jésus. Prix.......... 3 fr. 50

La Civilisation et ses lois, par M. FUNCK-BRENTANO. Un volume in-8°. Prix.................. 7 fr. 50

La France, l'Étranger et les Partis, par M. G. A. HEINRICH, doyen de la Faculté des lettres de Lyon. Un vol. in-18. 4 fr.

Voyage aux Pays rouges, par un Conservateur, rédacteur du *Français.* Un volume in-18 jésus. Prix....... 2 fr. 50

Le Concile du Vatican, son Caractère et ses Actes, par Mgr Joseph FESSLER, évêque de Saint-Hippolyte (Autriche), secrétaire général du Concile. Ouvrage traduit de l'allemand sur la seconde édition. Un volume in-18 jésus. Prix.... 2 fr. 50

La Vraie et la fausse Infaillibilité des Papes, par Mgr FESSLER, évêque de Saint-Hippolyte, secrétaire général du Concile du Vatican; ouvrage honoré d'un Bref de S. S. Pie IX, et suivi de la Constitution dogmatique du Concile. Un vol. in-18. 2 fr. 50

Un Commentaire parlementaire du Syllabus, approuvé par PIE IX. Un volume in-18 jésus. Prix.......... 1 fr

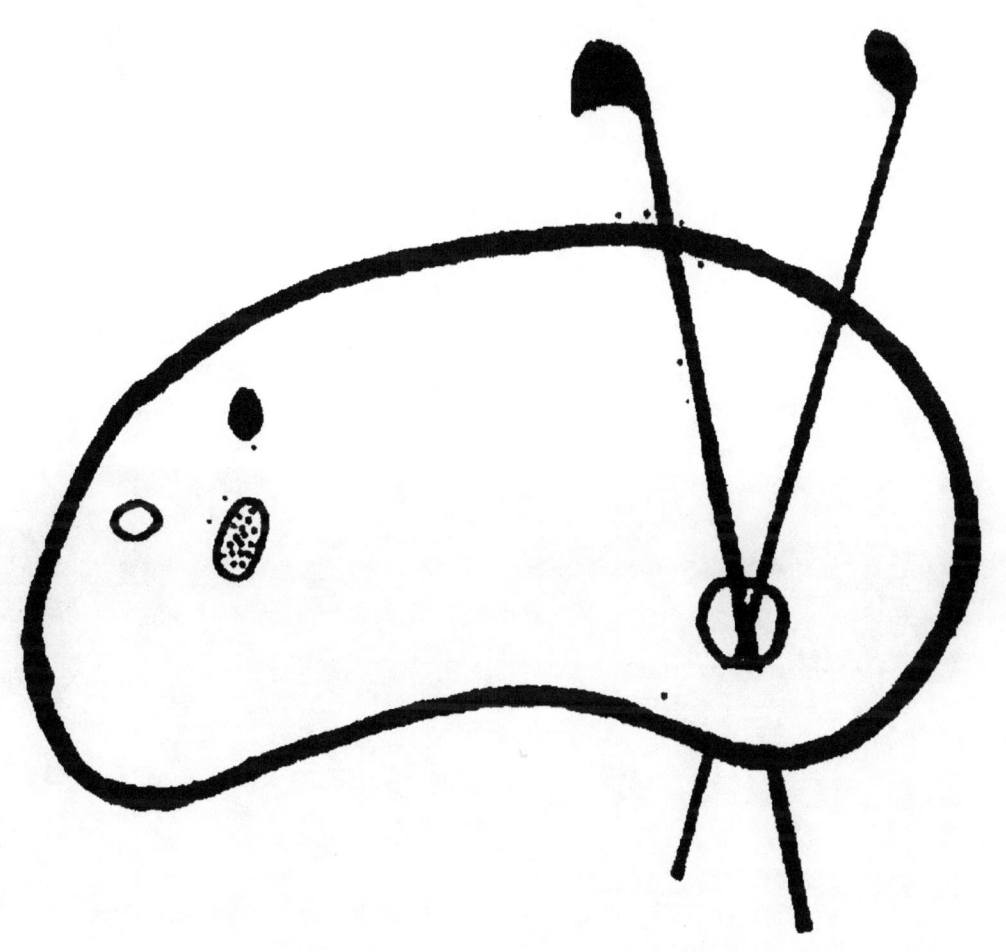

FIN D'UNE SERIE DE DOCUMENTS EN COULEUR

L'HOMME

ET

SA SCIENCE

AU TEMPS PRÉSENT

L'auteur et les éditeurs déclarent réserver leurs droits de traduction et de reproduction à l'étranger.

Ce volume a été déposé au ministère de l'intérieur (section de la librairie) en avril 1877.

L'HOMME
ET
SA SCIENCE
AU TEMPS PRÉSENT

PAR

M. LE DR WOILLEZ

MEMBRE DE L'ACADÉMIE DE MÉDECINE
MÉDECIN HONORAIRE DE L'HOPITAL DE LA CHARITÉ

PARIS
E. PLON ET Cie, IMPRIMEURS-ÉDITEURS
10, RUE GARANCIÈRE
1877

Tous droits réservés.

La science moderne a servi à formuler certaines théories philosophiques dont l'influence funeste est impossible à méconnaître par tout esprit non prévenu. J'ai cru qu'il était opportun de combattre ces doctrines, en montrant en quoi elles s'éloignent de la vérité. Et, pour ne pas être accusé d'y mettre de la passion, j'ai eu recours aux seules armes qui ont servi à les édifier : à la raison, et à la science mise à la portée de tout lecteur intelligent.

Telle est la tâche que je me suis imposée en publiant ce livre. J'en eus la première pensée à l'époque de nos récents désastres, et notamment pendant le règne sinistre de la Commune, caractérisé par un si lamentable abaissement des esprits.

Composé d'abord de notes éparses, sans destination arrêtée, ce travail fut ensuite coordonné et rédigé dans le silence d'une profonde douleur morale personnelle, qui attirait naturellement mes pensées sur les graves sujets qui s'y trouvent traités.

Les études scientifiques auxquelles je m'étais livré sans interruption, pendant une carrière déjà longue, ne m'ont pas semblé conduire aux impasses philosophiques vers lesquelles on se dirige; et j'ai cru de mon devoir de chercher à le démontrer.

N'ayant aucune de ces attaches intéressées qui trop souvent imposent malgré soi des réserves dans l'accomplissement du devoir, j'ai pu prendre la plume avec une entière liberté d'esprit et de cœur. Puisse mon œuvre avoir l'utilité que je désire!

Paris, le 15 avril 1877.

L'HOMME ET SA SCIENCE

AU TEMPS PRÉSENT

La science et ses applications à l'industrie, à l'art et au bien-être matériel de l'homme, a été affirmée de nos jours comme notre unique sauvegarde. On l'a préconisée et même exaltée comme le premier des biens, devant satisfaire à tous les besoins de l'humanité, non-seulement au point de vue matériel, mais encore comme le seul moyen de solution de tous les problèmes sociaux, moraux et même religieux.

De là des erreurs sur lesquelles on a échafaudé des doctrines qui mettent en péril l'état social, et par suite l'avenir de notre malheureuse et chère France.

On préconise une philosophie exclusivement basée sur les phénomènes naturels du monde; on voit le tout de l'univers dans la matière; on affirme l'athéisme comme une vérité fondamentale; l'origine de l'homme sur la terre aurait été la conséquence d'un simple résultat naturel spontané; son âme serait la conséquence de l'action des forces physico-chimiques, et non son principe de vie; l'humanité, dominant le monde à la longueur du temps, aurait la puissance de détruire tous les maux qui l'affectent; enfin la science suffirait pour l'organisation la plus parfaite de l'état social; et la mort anéantirait l'homme tout entier comme être vivant, et le ferait rentrer dans le néant.

En faisant ce déplorable tableau des utopies fondées sur la science mal interprétée, nous venons d'énumérer les questions dont nous allons nous occuper successivement dans les différents chapitres de cet ouvrage, où nous considérons l'homme en présence de la science contemporaine.

CHAPITRE PREMIER

COMMENT ON DOIT ENVISAGER LA SCIENCE.

I. — Difficultés de définir la science. — Son but réel. — Faits matériels au delà desquels on ne veut aller. — Prétentions de la philosophie positive. — Sa mesquinerie scientifique. — Nécessité d'embrasser la science tout entière.

II. — Valeur des principes du positivisme. — Sa classification des sciences. — Sa signification. — Son despotisme. — La libre pensée. — Comment doit être envisagé l'ensemble de la science. — Insuffisance des démonstrations du matérialisme et du positivisme.

Dès la plus haute antiquité, l'esprit humain, en possession de connaissances chaque jour plus étendues, a voulu les classer méthodiquement, et a cherché à les comprendre dans une vue d'ensemble qui a varié dans la succession des générations, et suivant les différents peuples. C'est ce qu'ont fait de nos jours la philosophie basée sur l'étude de la matière, et la philosophie dite positive dont nous allons avoir surtout à nous occuper dans ce chapitre. Nous y examinerons successivement quelle idée générale on doit se faire de l'ensemble de la science, et quelle est la valeur réelle des principes de cette philosophie à cet égard.

I

Dès qu'il s'agit de définir la science, considérée cependant comme le criterium du souverain bien de l'humanité, on est immédiatement arrêté par la difficulté de cette définition. Ce fait étrange provient malheureusement des nombreuses manières dont on peut envisager arbitrairement la science dans son ensemble. Aujourd'hui comme il y a des milliers d'années, la tour de Babel est toujours debout, toujours incomplète malgré les quelques assises construites ou reconstruites qui aspirent péniblement à atteindre l'infinie hauteur. C'est toujours la même insuffisance, toujours le même trouble des langages.

Néanmoins, on ne saurait le nier, cette science humaine, si attrayante dans l'étude de ses moindres merveilles, comme dans l'étude de ses horizons les plus vastes, est une des attaches les plus séduisantes à la vie de ce monde. Cela se conçoit aisément : désirer connaître est une des aspirations instinctives les plus légitimes de l'homme.

Sous le nom de philosophie de la science, on a

beaucoup disserté. Mais prononcer le mot de philosophie tel qu'on le comprend à notre époque, c'est éveiller la pensée de l'instabilité et de la versatilité de l'esprit humain. Le mot science n'est lui-même pas plus clair. Les dictionnaires français, même celui de M. Littré, pour qui cependant la science est le fondement de toute la philosophie, ne donnent pas une définition satisfaisante du mot *science*. C'est la « connaissance qu'on a de quelque chose »; un « ensemble ou système de connaissances sur une matière; le savoir acquis par la lecture et la méditation, etc. ». Ces formules sont insuffisantes.

La définition la plus générale que l'on puisse donner de la science humaine doit porter sur son objet et sur son but; car la science acquise étant incomplète en tant qu'expression des connaissances que l'homme peut découvrir, elle ne saurait suffire pour formuler la définition exacte de son ensemble, qui varie à chaque instant. Son but est fixe et immuable; c'est la connaissance des choses dans leurs caractères, leurs rapports, leurs causes et leurs fins. Malgré sa pénombre inévitable pour notre intelligence, cette définition a la simplicité de la vérité. Si l'on mutile cet ensemble, on n'embrasse pas la science tout entière. Or, cette mutilation a été faite par des philosophes contemporains et par beaucoup de philosophes purement rationalistes qui ont précédé. Ils ont tracé le cadre de la science à leur manière, en amoindrissant son ensemble grandiose.

Quel que soit d'ailleurs le point spécial où l'on se place, on peut assigner trois grandes divisions, au point de vue humain, à l'ensemble de la science, qui comprend d'abord les connaissances acquises; en second lieu, celles qui sont encore inconnues, mais susceptibles d'être conquises; et enfin, les connaissances qui sont au-dessus de l'intelligence humaine, et dont on peut néanmoins concevoir et affirmer l'existence.

La science de notre dix-neuvième siècle, il faut le reconnaître, a pris principalement pour objectif l'étude des faits susceptibles d'être directement constatés; et ils servent de base à des inductions plus ou moins justes, plus ou moins profondes. Cette étude a surexcité les intelligences et les a poussées à la recherche des faits matériels facilement saisissables, en faisant négliger comme inutile et étranger à la science de l'homme tout ce que son intelligence ne saurait comprendre. Les positivistes modernes prétendent qu'il est insensé, ou du moins inutile, en partant de la connaissance des faits matériels, de s'élever au-dessus d'eux par des raisonnements qui peuvent se perdre dans l'inconnu.

Si c'est là une logique insensée, comment se fait-il qu'ils la suivent eux-mêmes tous les jours? Car ils ne font pas autre chose lorsqu'ils étudient les faits matériels. Partout et en tout ils sont forcés d'admettre l'inconnu ; bien plus, ils font souvent de cet inconnu la base, le point de départ de leurs théories scientifiques. L'unité indivisible des mathématiciens, le point et la ligne sans épaisseur du géomètre, les atomes insaisissables, incompréhensibles dans leur essence, de la physique, les non moins incompréhensibles attractions moléculaires de la chimie : tout cela, qui n'est encore qu'un petit coin du programme de l'inconnu, est aussi impalpable, aussi impondérable, aussi métaphysique, que les questions les plus ardues auxquelles se heurte nécessairement le savoir humain, et qu'il refuse si souvent d'admettre ne les pouvant voir.

Et, vraiment, on ne comprend pas de quel droit des savants viendraient catégoriser les abstractions, et surtout en imposer aux autres un domaine préconçu et limité par eux, dans lequel ils affirment que l'on doit parquer le raisonnement, en y plaçant telles abstractions arbitrairement choisies, et en en rejetant telles autres qu'ils ne veulent pas accepter, malgré leur égale valeur. Voilà cependant ce qui se fait aujourd'hui.

En prenant la science telle qu'elle est comme formule de connaissances acquises, jusqu'à quel degré d'abstraction prétendez-vous qu'elle puisse s'élever? Vous ne sauriez le dire. Vous ne pouvez pas davantage avoir la prétention de limiter les intuitions de l'esprit dans le temps et dans l'espace. Le progrès des sciences consiste précisément à conquérir la vérité jusque-là inconnue dans l'étude des choses; et quand on songe que le bagage de la science, tous les jours en partie découvert, paraît intarissable, on ne saurait imposer un frein à l'esprit humain qui s'élance au delà de ce qui est actuellement tangible ou appréciable.

Par delà cette science humaine connue, il y a, avons-nous dit, tout un monde de connaissances à acquérir. Leur ensemble, pour ne pas tomber sous l'appréciation actuelle de notre intelligence, n'en est pas moins réel, et réel d'une manière absolue. En présence de cet inconnu, le savant ressemble à l'élève qui va apprendre une science particulière et qui n'en possède pas encore même les premiers éléments : il a devant lui un inconnu scientifique qui est cependant une réalité préexistante à son étude, et qu'il peut conquérir par le travail.

Mais il n'en est plus de même de certaines réalités dans l'abstraction que le savant ne peut pas atteindre directement, mais qu'il ne lui est pas permis de rejeter comme n'existant pas. Dans l'ordre matériel, vous reconnaissez avec raison comme certaine l'existence des pôles de la terre, quoiqu'il vous soit interdit d'y mettre les pieds; il en est de même de l'existence du centre du globe terrestre, qu'il est encore plus impossible d'atteindre. Dans l'ordre physique, vous admettez l'attraction, la pesanteur, le calorique, l'électricité, quoique ces forces insaisissables vous soient absolument inconnues dans leur essence, quelle que soit l'importance croissante des travaux contemporains à ce sujet : est-ce que cela ne vous oblige pas à baser vos raisonnements scientifiques, dans ces différents cas, sur des causes non constatées directement? constatées seulement par leurs effets? Combien de raisonnements, considérés d'ailleurs comme très-solides, n'ont-ils pas d'autre attache acceptée que cet aboutissant abstrait ou immatériel! Tous les problèmes mathématiques sont dans ce cas. L'arithmétique et l'algèbre qui s'occupent des quantités ; la géométrie des formes des corps et des surfaces, l'une et l'autre en traitant de leur volume; la physique et la chimie en étudiant des phénomènes présentés par ces mêmes corps, se basent sur des raisonnements qui, partis des faits matériels, se développent et se complètent dans l'abstraction où ils aboutissent. Ces exemples viennent légitimer les déductions logiques que l'on peut formuler dans tous les départements scientifiques au delà de ce qui est tangible, matériel; de ce qui est directement perçu par nos sens [1].

---

[1] M. Spencer a établi que *l'incognoscible* est le dernier

On peut dire qu'en tout il y a l'incompréhensible, même lorsque les faits paraissent être complets. Nous ignorons absolument, suivant la remarque de Tyndall, en quoi consiste le changement survenu dans l'intérieur du fil électrique quand il y passe ce que nous appelons un courant [1]. Lorsque vous réduisez dans un creuset par la chaleur un diamant qui brûle dans l'oxygène, en un gaz, le gaz acide carbonique, vous croyez connaître le phénomène et l'expliquer suffisamment en disant que, sous l'influence de la chaleur, le carbone, constituant uniquement le diamant, se combine à l'oxygène pour former de l'acide carbonique gazeux, et vous êtes fier — avec raison dans une certaine mesure — de démontrer que le diamant est simplement du carbone pur solidifié. Mais dans cette connaissance scientifique si nette de la composition du diamant, vous ne sauriez dire ni comment agit la chaleur pour faire passer le corps le plus dur de tous les minéraux à l'état subtil de gaz par son union avec l'oxygène, ni comment le carbone pur a composé le diamant lui-même. Et il en est ainsi de toutes les combinaisons chimiques intimes, depuis les plus simples jusqu'aux plus compliquées : la cause in-

---

terme de toutes les sciences comme de toutes les religions. (LAUGEL, *Revue des Deux Mondes* du 15 février 1864.)

[1] TYNDALL : *la Matière et la force*, traduit par l'abbé MOIGNO.

time nous échappe, quoique nous soyons forcés d'en reconnaître l'existence. Il suffit donc, dès lors, non de comprendre, mais de concevoir les réalités abstraites comme devant nécessairement exister, vu leurs effets.

C'est d'ailleurs à ces deux sources, les faits concrets et les faits abstraits, que se font les découvertes scientifiques. L'étude de la matière conduit aux abstractions; mais il serait despotique de prétendre qu'une conception spontanée ne puisse pas conduire à mieux connaitre la matérialité. Les deux choses s'enchaînent, la science formant un tout homogène où notre infirmité intellectuelle découvre des éclaircies plus ou moins étendues, mais dont le point de départ est dans une idée concrète ou une idée abstraite.

La science est cachée dans toutes les profondeurs de l'obscurité et de la lumière de l'univers. Elle est répandue partout, fixe, entière, complète, et presque partout latente, s'épanouissant à nos yeux seulement dans tout ce que nous voyons, soit directement, soit plus complétement par des artifices intelligents, sans que cette science puisse toutefois être exactement ou entièrement connue sur aucun point.

Il me parait démontré par ces raisonnements, d'autant plus solides qu'ils ne sont qu'une simple succession de vérités indéniables, que la science n'a nullement la mesquinerie systématique qu'on veut lui imposer. On ne saurait l'embrasser tout entière qu'à la condition de n'y rien retrancher, pas plus dans l'étude de l'abstraction que dans celle de la matière. Agir autrement, c'est ressembler à un voyageur abordant une île inconnue, et ayant la prétention d'en donner une description complète en niant l'existence des contrées centrales, parce qu'elles lui seraient inaccessibles.

Une conséquence logique découle de cette nécessité, pour la science universalisée, de ne rien retrancher, dans l'étude des choses, de leurs rapports, de leurs causes et de leurs fins. Poser artificiellement des limites aux inductions raisonnables fournies par l'étude de ces choses, de ces rapports, de ces causes et de ces fins, c'est donc fausser l'étude générale de la science.

Le matérialisme et le positivisme, qui sont deux nuances d'une même philosophie, comme on le verra plus loin, ont cependant nié cette conclusion si logique, et ils n'ont pas formulé leur programme avec l'ampleur que nous venons de rappeler. S'ils l'ont écourté, — on me permettra de dire misérablement, — cela tient à ce fait que le concret des sciences naturelles est la base sur laquelle la science moderne prétend s'édifier exclusivement, sans vouloir s'élever au-dessus de la matière et des forces physico-chimiques.

Il en résulte un fait grave. L'homme qui se satisfait davantage, comme savant chercheur, dans l'étude de la matière, en y constatant des particularités merveilleuses dans l'examen desquelles il se complait, est tombé dans l'excès de nier l'existence de certaines abstractions. Ses sens ne les perçoivent pas, mais la nécessité scientifique le force à les admettre, comme nous le montrerons. De cette négation dérive le matérialisme scientifique : limitation humiliante de la science qui conduit à admettre que la matérialité est tout dans le monde, et que l'homme n'est pas plus que la plante ou même que le minéral.

Les philosophes qui agissent ainsi prétendent cependant embrasser l'ensemble de la science! En s'appuyant exclusivement sur l'étude de la matière, sans vouloir tenir compte des causes ni de la fin des choses, ils suppriment au nom de la science toute idée de Dieu, et rejettent la métaphysique comme inutile du savoir humain. La métaphysique, cette véritable science des causes, avec quel dédain on la traite! M. Littré dit à propos des métaphysiques : « La science les ignore et les dédaigne[1]. » C'est une

---

[1] E. Littré : *Paroles de philosophie positive*, 2ᵉ édition, p. 66. — La doctrine de la philosophie positive a été résumée dans cette publication. C'est à cet ouvrage substantiel que nous emprunterons la plupart de nos citations sur le positivisme, de préférence au volume plus étendu de M. Littré ayant pour titre : *Auguste Comte et la philosophie positive*.

friperie du vieux monde qui ne peut plus servir à rien, selon Büchner, leur adversaire le plus passionné. Tous les raisonnements philosophiques « s'écartant des faits et des objets deviennent aussitôt inintelligibles et absurdes, et ne sont pour la plupart que des résultats arbitraires d'un jugement obtenu antérieurement par voie empirique : jeu fantastique d'idées et de mots [1] ! » Nous verrons que le fond de cette appréciation critique, en dehors de la phraséologie ampoulée de Büchner, doit être retourné avec plus de raison contre le matérialisme qui l'a formulée, et qui s'égare, dès qu'il s'éloigne par le raisonnement des faits et des objets matériels, parce qu'il ne veut rien voir de ce qui existe réellement au delà.

A côté de ce matérialisme absolu, il y a le matérialisme mitigé des positivistes. Ils ne disent pas : il n'y a rien au delà de la matière et des forces dites naturelles, mais : ne pouvant comprendre ce que nous n'y voyons pas, nous n'avons nullement à en tenir compte. Ce faux-fuyant n'empêche nullement les adeptes de cette philosophie d'être des

---

[1] Louis BUCHNER : *Force et matière. Études populaires d'histoire et de philosophie naturelle*, 1872. — Cet ouvrage, auquel nous ferons de nombreux emprunts, suscita, dès sa publication, une polémique des plus vives, et qui est loin d'être terminée. M. Büchner a aussi publié : *L'homme selon la science*, ouvrage en trois parties, où ne se trouve pas l'ensemble de la théorie comme dans l'œuvre précédente.

matérialistes masqués, du même camp que les matérialistes vus en plein visage.

Auguste Comte, considéré comme le fondateur de la philosophie positive, mais surtout M. Littré, son adepte le plus actif, qui cherche à populariser cette doctrine, se défendent à tort d'être atteints par les arguments des adversaires du matérialisme. En combattant le matérialisme, dit M. Littré, on ne combat pas la philosophie positive. « J'avertis ses adversaires de ne pas tomber dans cette méprise, qui rend leur polémique illusoire[1]. » Pour faire accepter qu'il y a méprise, M. Littré n'aurait pas dû écrire ceci : « Le monde est constitué par la matière et par les forces de la matière...; au delà de ces deux termes, matière et force, la science positive ne connait rien[2]. » Ces deux termes sont donc à la fois les bases fondamentales du matérialisme et du positivisme; et il importe peu que « la philosophie positive ne s'inquiète pas des explications données par les matérialistes et attaquées par ses adversaires[3] ».

Cette philosophie positive croit posséder seule la meilleure formule de la théorie scientifique uni-

---

[1] E. Littré : préface des OEuvres de Comte : 3e édition publiée en six volumes, sous ce titre : *Cours de philosophie positive*.

[2] Même *préface*, p. IX.

[3] Même *préface*, p. XXIII.

verselle et complète. Elle a encore une prétention particulière : elle se croit en droit de prescrire la réglementation de la pensée humaine pour la recherche de la vérité. Cette philosophie se donne en effet comme l'expression la plus avancée de ce que l'on est convenu d'appeler l'esprit moderne, le progrès moderne ; et elle assure que sa doctrine conduit à la véritable science sociale, à la *sociologie*. Aussi aurons-nous à nous occuper à différentes reprises de cette philosophie, dans l'examen raisonné des nombreuses questions que nous avons à traiter dans cet ouvrage. Il nous reste à montrer ici comment elle comprend l'ensemble de la science et à discuter la réelle valeur de ses principes.

II

Les sciences humaines particulières comprennent en réalité les connaissances acquises. Elles ont semblé par cela même permettre de définir d'une manière plus précise la science en général, et autoriser la philosophie qui les prend pour point de départ, à établir dans l'ensemble des distinctions et des divisions définitives bien limitées. Mais c'est une erreur. Ces sciences ne sauraient être distinguées entre elles suivant leur objet que d'une manière provisoire et artificielle, en séries déterminées, parce que tout se tient dans le grand ensemble scientifique. L'utilité des distinctions est seulement de faciliter l'étude. Il semble par conséquent qu'il ne devrait se trouver personne s'attribuant le droit d'établir des distinctions absolues, et surtout prétendant les imposer à l'intelligence des autres comme une conception philosophique hors de toute contestation, et hors de laquelle il n'y aurait qu'erreur et impuissance.

C'est cependant là une des hardiesses du positivisme d'Auguste Comte, de cette philosophie à laquelle on attribue de nos jours une importance inconcevable, en répandant des traités, des revues, et des brochures familières qui en vantent les procédés d'investigation et le mode d'interprétation des phénomènes du monde. Cette interprétation, base essentielle de la théorie, loin d'embrasser l'ensemble des connaissances humaines, élimine avec une autorité usurpée tout ce qui est métaphysique et théologique, la recherche de l'absolu sur l'origine et la fin des choses, affirme-t-elle, étant complètement inutile au savoir humain. Ce savoir ne doit donc s'appliquer, de par le positivisme, qu'à l'étude des faits matériels et à la recherche de leurs rapports. Il n'y aurait, selon cette philosophie, que des phénomènes se succédant l'un à l'autre, chacun d'eux étant la cause du suivant.

Mais, par une contradiction singulière, M. Littré fait la déclaration suivante : « Il faut le dire, puisque cela est vrai, nous sommes les seuls qui embrassions, d'une façon systématique, l'ensemble des connaissances abstraites [1]. »

Et pour se persuader que la science est le principe fondamental de cette philosophie, les positivistes considèrent avant tout comme une conception extraordinaire et qui n'aurait pas été vue jusqu'à eux, une classification méthodique des sciences qui va du simple au composé, procédé habituel de la plupart des savants avant Comte. Dans son tableau synoptique de l'ensemble du cours de philosophie positive, il divise en effet les sciences en trois groupes comprenant les mathématiques, la science des corps bruts, et la science des corps organisés. C'est dans la dernière subdivision comprenant la physiologie et la physique sociale que l'on trouve les idées originales du système. Il se compose de six échelons embrassant l'ensemble des connaissances humaines :

1° Les *mathématiques* occupent l'échelon le plus inférieur; cette division comprend l'arithmétique, la géométrie et la mécanique; 2° l'*astronomie*, dépendant de la mathématique; 3° la *physique*, étudiant la matière considérée en masse avec ses

---

[1] E. Littré : *Paroles de philosophie positive*, p. 81.

propriétés physiques ; 4° la *chimie*, s'occupant de la matière étudiée moléculairement dans ses affinités ; 5° la *biologie*, qui dépendrait de la chimie et de la physique, et comprendrait les corps matériels vivants, les uns de la vie végétative, les autres de la vie animale, « la trame vivante ne pouvant exister qu'à la condition d'être formée d'oxygène, d'hydrogène, d'azote et de carbone, ce qui spécialise la matière, la vie étant spécialisée par la propriété » ; 6° enfin, la *sociologie*, division suprême imaginée par la philosophie positive, dépendrait de la biologie.

Serait-il vrai que cette division générale des sciences, formulée au nom de la logique, fût le fruit d'une meilleure intelligence des choses que par le passé, comme le dit M. Littré ? Pour lui, tout est signalé dans cette formule ; tout est spécialisé avec netteté, tout vague disparaît ! Enfin, cette classification « embrasse les sciences et leur développement... et, dans le monde, il ne s'est rien remué qu'elle n'interprète, et il ne se remuera rien où elle ne doive intervenir ».

Quelle magnifique solution apparente des difficultés sans nombre présentées par l'étude des sciences et des sociétés ! Mais malgré la bonne volonté la plus complète, il est impossible de concevoir qu'une simple classification des sciences, quelle que soit sa perfection, puisse constituer un progrès aussi vaste, et faire comprendre complètement le monde. On ne fera pas admettre à tout homme de bon sens que l'on doive rayer d'un trait de plume, dans l'ensemble des connaissances humaines, la métaphysique, la psychologie, la morale, la théologie, ces sciences abstraites, dont il serait loisible de rapprocher la logique et les mathématiques, tout aussi abstraites que les précédentes. Disons-le avec franchise, cette doctrine positiviste est une philosophie de surface; et la division des sciences par échelons, présentée par le positivisme comme une pensée de génie extraordinaire et aboutissant à la sociologie, semble avoir été mise en relief pour masquer, sous le prétexte d'écouté de la science, ce qu'il y a de faible et d'incohérent dans cette sociologie.

Cette philosophie positive a des affirmations énergiques. Les amis les acceptent comme vraies, selon M. Littré, par suite de la confiance inspirée par les études spéciales des fondateurs de la doctrine. Ces derniers n'exigent de ces adeptes aucune étude préparatoire[1]; mais, en revanche, il ne faut pas que le contradicteur fasse ses objections à la légère. Il n'est accepté que s'il a franchi par des études persévérantes les échelons de cette classification encyclopédique. Aussi M. Littré, certain de rencontrer difficilement cet homme rare, va-t-il

---

[1] Ouvrage cité, p. 24.

jusqu'à traiter de demi-savants incompétents les critiques assez osés pour combattre cette philosophie. C'est évidemment une prétention aussi singulière qu'inacceptable. C'est imposer à l'esprit des autres une barrière qu'il leur est permis de trouver fragile en la dépassant. C'est donc avec raison que M. P. Janet a comparé à une inquisition cette interdiction de la pensée[1]. Et il ne paraîtra pas étrange que l'on ait pu traiter cette prétention de despotique, si nous rappelons les propres paroles de M. Littré : « Cette philosophie qui embrasse les sciences et leur enchaînement, les sociétés et leur développement, a la prétention de subordonner le sens individuel à un ordre supérieur (le positivisme), et *elle veut* qu'il trouve sa satisfaction suprême dans cette subordination[2]. »

Cette volonté imposant une prétendue satisfaction suprême à la pensée dans la subordination, c'est bien, on le voit, brider l'intelligence humaine au nom du progrès moderne. On l'avoue franchement d'ailleurs : « la science positive s'empare de

---

[1] Paul Janet : *la Crise philosophique.*

[2] M. Littré, pour tenir ce langage, s'appuie sur sa propre autorité qu'il compare à celle des astronomes démontrant par leurs calculs que la terre tourne autour du soleil : on les croit sur parole, dit-il, sans être capable de vérifier cette proposition. Or, M. Littré trouve que « c'est un titre du même genre qui crée son autorité ». Cette comparaison nous paraît forcée.

l'esprit humain[1]. » Pour se poser ainsi en dominatrice de la pensée humaine, la doctrine positiviste devrait avoir une solidité de principes supérieure à celle des autres philosophies. Cependant il n'en est rien : cette solidité lui manque, puisque ses adeptes ne sont pas d'accord entre eux. Auguste Comte n'était pas positiviste comme Raucourt; M. Littré ne l'est pas comme Comte. On ne l'est pas en Angleterre comme en France, ni en Allemagne comme ailleurs, ainsi que l'a fait remarquer, dans une autre intention que la nôtre, M. H. Taine, dans son Étude sur Stuart Mill[2]. De plus, si le positivisme était l'expression aussi éclatante de la vérité qu'on l'a prétendu, tout homme suffisamment versé dans les sciences mathématiques, l'astronomie, la physique, la chimie, dans les sciences naturelles, la biologie et l'histoire, devrait toujours et nécessairement être un adepte du positivisme. J'en connais néanmoins qui ont été conduits par cette voie à une conclusion contraire.

Je viens d'exposer quelles sont les conceptions fondamentales de cette philosophie qu'il me sera

---

[1] Préface des OEuvres de Comte, p. xxv. — La condition du positivisme, dit ailleurs M. Littré, est « cette filière où nous faisons passer l'esprit ». (Paroles de philosophie positive, p. 65.)

[2] H. Taine : le Positivisme anglais. Étude sur Stuart Mill. 1864.

permis d'appeler bâtarde, qui professe en apparence l'horreur de l'hypothèse, et qui, par une singulière inconséquence, prend pour piédestal, à l'exclusion de la transcendance dans les causes, l'hypothèse d'une immanence de la matière et de ses lois, sur laquelle nous reviendrons, et qui est tout aussi impossible à concevoir que l'infini lui-même.

On est grandement surpris lorsque, pour la première fois, on prend connaissance de ce système philosophique si étroit, et considéré cependant comme une conception extraordinaire, ouvrant au savoir humain les plus vastes horizons, et donné comme « le vaste ensemble qui, par lui seul, est pour l'esprit l'enseignement le plus fécond et la direction la plus sûre [1] ». En présence d'une si haute conviction, si vous vous posez en contradicteur, vous êtes un métaphysicien ; on connaît vos objections d'avance, et le maitre vous avertit qu'il enjambe le cercle où vous prétendez l'arrêter, en le laissant derrière lui.

La haute position scientifique de M. Littré, dont autant que personne je reconnais le savoir étendu et profond, ne saurait légitimer ses conceptions philosophiques, qui sont celles d'Auguste Comte émondées et corrigées. Et s'il y a une chose qui

---

[1] Littré : *Paroles de philosophie positive*.

doive étonner tout homme sérieux, c'est qu'il se trouve un grand nombre d'adeptes qui consentent, sur la parole du maître [1], à parquer leur intelligence dans le cercle du positivisme, à la restreindre à ce rôle esclave s'il en fut jamais! C'est, à ce qu'il nous semble, singulièrement comprendre la liberté du travail de l'esprit; et n'est-il pas inconcevable de voir, par une contradiction manifeste, donner le nom de libre pensée à cette limitation de l'exercice intellectuel? Au lieu de laisser à l'intelligence tout son essor raisonnable, on en bride l'expression, on arrête la pensée à des limites arbitraires, on la parque dans les couches inférieures de la science, celle des faits matériels. La libre pensée n'a donc pas le droit de se donner fièrement comme le meilleur support de l'intelligence humaine en exercice. Elle est simplement un mot-drapeau, ralliant tous les fervents qui préconisent les idées dites mo-

---

[1] Les positivistes convaincus sciemment sont certainement en petit nombre, puisqu'il leur faut avoir parcouru une série d'études encyclopédiques, et pouvoir prendre le titre de savant complet. Le grand nombre apparent des adeptes provient de l'adhésion des inconscients, des matérialistes et des athées restant étrangers à la doctrine positiviste. C'est M. Littré qui nous le fait savoir. « Notre force n'est pas en nous, dit-il. Outre les auxiliaires armés, *qui sont en petit nombre*, nous avons les auxiliaires latents et involontaires qui sont en grand nombre... Nous rencontrons, dès l'abord, une multitude d'esprits tout préparés. Autrement, *que serions-nous et que ferions-nous?* » (*Paroles de philosophie positive*, pages 88 et 89.)

dernes, et prétendant faire table rase de tout le vieux monde.

D'où nous est venue cette philosophie positive, qui méconnaît l'ensemble grandiose de la science? Elle n'est pas de l'invention d'Auguste Comte, ainsi que l'annonce pompeuse en a été faite. L'investigation de la matière comme base, si féconde d'ailleurs, de la science, a existé dans tous les temps. Elle s'est ravivée depuis le seizième siècle; mais l'affirmation plus accentuée de cette philosophie scientifique, même jusqu'à l'absolu, résulte, depuis un siècle, de la fermentation des idées qui a bouleversé la politique des peuples, et qui a enfanté les révolutions de 1789, 1830, 1848. En 1830, dans l'ordre des sciences positives, comme dans celui des rêveries les plus fantaisistes, on prophétisa une ère nouvelle pour l'humanité. Le positivisme, basé sur les sciences dites exactes, le saint-simonisme, le fouriérisme, nécessités par le prétendu besoin de réforme sociale pour le bonheur idéal de l'humanité, se donnèrent comme autant de solutions infaillibles.

Alchimistes intellectuels poursuivant la chimère de l'âge d'or, ils se trompèrent comme les chercheurs de la pierre philosophale au moyen âge, parce que, comme eux, ils inventèrent la solution en la formulant comme but, au lieu de chercher, sans parti pris, à conquérir la vérité. De là, ces formules sociales, ces échafaudages fragiles, plus ou moins compliqués, donnés pour des monuments, et qui n'ont pu rester debout.

Il est assez bizarre que ce soit précisément des mathématiciens qui aient formulé le positivisme moderne, ce prétendu vaste ensemble de la conception du monde! M. Littré ne nous affirme-t-il pas qu'à cette classe de savants est dénié le droit de gravir les échelons positivistes[1]? Auguste Comte était mathématicien et répétiteur à l'École polytechnique; et à la même époque, Raucourt, autre mathématicien, également répétiteur à la même école, faisait des leçons publiques de philosophie positive qui ont été publiées, et dans lesquelles se trouvaient exactement toutes les divisions d'Auguste Comte. Seulement, dans le livre diffus de Raucourt, l'échelon *physiologie* remplaçait l'échelon dit *biologie,* et la *civilisation* était à la place de la *sociologie;* au fond, la signification était la même. Les deux positivistes Comte et Raucourt, quoique condisciples, et plus tard professant la même philosophie, ne se citaient pas l'un l'autre[2]. Raucourt ne s'opposait pas despotiquement à toute métaphysique, et pour lui il existait des fils partant des faits matériels et remontant, pour s'y rattacher, à des

[1] Littré : ouvrage cité, p. 10.
[2] Le nom de Raucourt ne se trouve pas à la table des noms propres cités dans les six volumes des Œuvres d'Auguste

causes particulières supérieures ; Auguste Comte coupait ces attaches, mais il n'osait les nier. En renchérissant depuis, on a été jusqu'à supprimer ces rapports, qui n'en existent pas moins.

Il est singulier qu'à propos du positivisme, on se taise absolument sur le Cours de philosophie positive de Raucourt, qui se donne comme « fondateur de l'école de philosophie positive et pratique[1] ». Si de nos jours Auguste Comte a été mis seul sur le pavois, ne semblerait-il pas le devoir à l'athéisme qu'il professait, tandis que Raucourt admettait l'existence d'un Dieu ?

A l'opposé de cette doctrine positiviste mesquine et dépendante, quoi qu'on dise, s'occupant seulement des rouages du monde sans vouloir tenir

---

Comte publiées par M. Littré. — Raucourt cite une seule fois Comte dans son ouvrage. « J'appris, rue Taranne, dit Raucourt, à connaître Saint-Simon par ses écrits, et surtout par les développements remarquables de notre condisciple M. Comte. » (Ouvrage cité dans la note suivante.)

[1] Raucourt, envoyé en 1821 en mission en Russie avec Enfantin, y forma, avec d'anciens élèves de l'École polytechnique, des réunions où s'élaboraient des questions de droit, de physiologie et d'économie politique. Dès 1825, Raucourt réunit les matériaux de sa philosophie positive, et dès 1828 il fit des cours publics qu'il continua jusqu'en 1834, date de la publication de son ouvrage : *Cours normal de philosophie positive*. (Première partie : *Physique philosophique de l'homme*, 1 vol. in-8º.) A la même époque, Auguste Comte faisait aussi des cours sur le même sujet ; il publia son premier volume en 1830, et les cinq autres en 1835, 1838, 1839, 1841 et 1842.

compte des principes moteurs, il y a une façon plus complète d'envisager la science, mais que l'on a niée. La science la plus strictement matérialiste, nous devons le répéter, mène forcément à l'existence nécessaire d'abstractions ; aussi arrive-t-il très-fréquemment à la science positiviste de s'élever au-dessus de la matière, puis de descendre de ces inductions abstraites et plus ou moins élevées vers la matière elle-même. « Désormais on peut, avec une pleine sûreté, dit M. Littré, ou bien partir du point le plus bas pour arriver de degré en degré jusqu'au sommet, ou descendre du sommet et atteindre par un chemin inverse le point le plus bas [1]. » Ce principe d'ascension et de descente dans la science peut sans doute être différemment compris, être arbitrairement limité comme le fait le positivisme, mais il exprime un droit indéniable. Le positivisme ne devrait donc pas l'interdire à ses adversaires. Quand ceux-ci, partant aussi de la matière, sont conduits également, *avec sûreté*, à la nécessité d'existence d'une abstraction suprême de l'univers comme nous le montrerons, elle ne doit pas s'étonner si, partant de ce principe, l'induction redescend vers la matière. Cette ascension et cette descente constituent pour la science le vrai « circuit de grand enseignement », pour employer les expres-

[1] Ouvrage cité, p. 22.

sions de M. Littré, parce qu'il est complet. De ces inductions descendant vers la matière au lieu d'en partir, résulte une véritable science ne constituant pas un positivisme matériel, mais ce qu'on pourrait appeler un positivisme abstrait. C'est aussi une vraie science, je le répète ; car elle va jusqu'à nécessiter des facultés et des professeurs : c'est la théologie. Je sais bien qu'en prononçant ce mot à propos de sciences, je vais soulever des protestations ; mais elles ne feront pas que ce ne soit une science, dont les attaches sont partout dans le monde dit naturel, et par conséquent aussi réelle et aussi incontestable que les sciences ayant pour point de départ tout fait matériel directement appréciable.

Je ne puis terminer ce chapitre sans faire une dernière et importante remarque sur les travaux des matérialistes et des positivistes : je veux parler de l'insuffisance de leurs démonstrations.

Pascal a dit : « Travaillons à bien penser. » N'a-t-on pas mal compris ce précepte, de nos jours ? Il faut le croire quand on constate qu'en étudiant et scrutant la théorie des raisonnements, le mode de penser, et surtout de raisonner, est devenu un principe changeant plus divers que les philosophies elles-mêmes. Les matérialistes prétendent s'appuyer sur les sciences physique, chimique et physiologique ; mais leurs raisonnements, basés en apparence sur des faits exacts ou sur des expériences, se perdent fréquemment, à partir de leur point de départ, dans de vaines hypothèses; et le plus souvent ce sont les hypothèses mêmes sur lesquelles ils échafaudent toute leur argumentation. Cela nous explique comment les matérialistes allemands, dont on peut souvent rapprocher les positivistes, s'appuient pour soutenir leurs opinions, envers et contre tout, sur des raisons n'offrant pas cette rigueur de logique indispensable, avant toute chose, à chacun des défenseurs d'une doctrine nouvelle opposée à des doctrines anciennement accréditées. Nous aurons fréquemment à rappeler que les matérialistes emploient le plus souvent l'affirmation sans preuve, affirmation suffisante malheureusement quand elle est énergique, auprès du vulgaire, dans des livres dits populaires, mais insuffisante auprès des hommes instruits. Quant aux hypothèses, les positivistes comme les matérialistes prétendent en avoir horreur. Auguste Comte se déclare l'ennemi véhément des hypothèses scientifiques non susceptibles de preuve directe et qui sont admises sur la seule évidence de leur aptitude à expliquer les phénomènes; et M. Littré est d'avis que l'on ne saurait « trop répéter l'anathème prononcé par Comte contre les hypothèses invérifiables ». Et cependant l'un et l'autre en font fréquemment le fondement de leurs inductions, comme on le verra dans le cours de cet ouvrage. De notre part, ce n'est pas une appréciation hasardée du mode de penser des positivistes, puisqu'ils ont inventé et préconisé, comme pour une justification, l'*hypothèse positive,* dénomination bien peu régulière, et créée, ce qui a lieu de surprendre, par un linguiste des plus autorisés, par M. Littré lui-même, le plus fécond vulgarisateur de la philosophie positive [1].

Il ne nous paraît pas suffire en effet pour légitimer cette hardiesse d'expression de désigner comme hypothèses positives celles qui résultent des faits expérimentaux, en opposition aux autres hypothèses dites théologiques ou métaphysiques, par M. Littré [2]. La méthode expérimentale est en grand honneur aujourd'hui ; et M. Claude Bernard [3], dont on peut cependant ne pas partager toutes les idées, lui a donné un grand éclat. Dans cette méthode qui a enrichi la science d'importants travaux de physique, de physiologie et de pathologie, il y a une condition bien nécessaire à rappeler : l'idée *à priori* qui provoque l'expérience ne peut être féconde si elle consiste dans une intuition subite, sans lien avec des faits acquis déjà scientifiquement [4]. Le contact seul de cette idée préconçue

---

[1] Littré : *la Science au point de vue philosophique,* 1873.
[2] Même ouvrage, p. 522.
[3] *Introduction à l'étude de la médecine expérimentale.*
[4] Dans son important ouvrage sur *le Matérialisme et la*

avec un fait antérieur qui est le vrai point de départ de la recherche lui donne sa principale valeur. Et lorsque cette méthode expérimentale fait arriver au résultat désiré, la recherche n'aboutit pas à une hypothèse dite positive, mais à un fait *déterminé*. Il n'y a donc pas d'hypothèse positive expérimentale.

Pour résumer le peu de valeur de l'hypothèse en général, disons avec M. Faye, de l'Institut : « Le véritable homme de science sait ce que valent les hypothèses, et il se garde d'y attacher d'autre prix que celui d'un moyen commode de fixer les idées. Il se gardera bien de raisonner à perte de vue sur de telles bases [1]. »

---

science (2ᵉ édition), M. Caro s'est attaché au côté philosophique de la méthode expérimentale, et il en a fait ressortir avec habileté le côté métaphysique, en insistant sur l'utilité des idées *à priori* qui servent de point de départ à la méthode. L'honorable professeur nous paraît être dans le vrai lorsqu'il considère l'esprit scientifique et l'esprit philosophique comme appelés à s'unir et à se compléter. Mais n'a-t-il pas été porté à exagérer le rôle métaphysique des idées *à priori* dans cette question de la méthode expérimentale, où l'on doit, beaucoup moins qu'il ne paraît le penser, sacrifier à l'intuition et à l'idéal des conceptions comme point de départ, si l'on veut obtenir des résultats sérieux ?

[1] *Annuaire du bureau des longitudes*, 1874, p. 453.

CHAPITRE II

LA MATIÈRE ET LES FORCES.

I. — Qu'est-ce que la matière? — Difficulté de la définir. — Matière des astres. — Composition physique des corps. — Origine de la matière. — Opinion hardie des matérialistes. — Leurs hypothèses comme principes.

II. — Forces physico-chimiques. — Comment les comprendre? — Mouvement universel. — Gravitation. — Unité et pluralité des forces. — Leur transformation. — Prépondérance de l'action du soleil sur la terre. — La chaleur.

III. — Le tout de l'univers dans la matière et les forces, suivant les matérialistes. — Forces indépendantes des corps. — Confusion de Büchner à cet égard. — Erreurs des matérialistes. — Leur impuissance pour expliquer la gravitation. — Une force naturelle ne donne pas spontanément la vie. — Extension abusive du mot *force*.

Le sujet de ce chapitre a pris de nos jours une importance considérable, non-seulement en raison des données nouvelles mises en évidence par la science moderne dans l'étude de la matière et des forces qui la font mouvoir, mais encore par le rôle exclusif qu'on leur a attribué dans l'évolution des phénomènes cosmiques.

Quand on dit l'univers matériel, on exprime une

réalité d'une netteté incontestable ; et lorsque l'on parle des causes qui font mouvoir cette matière, on rappelle encore une condition du monde aussi incontestable que la précédente. Les mots matière et forces ou causes de mouvement sembleraient donc devoir offrir à l'intelligence humaine une évidence incontestable pour tous ; cependant il n'en est pas ainsi. Les matérialistes allemands ont surtout contribué à embrouiller la question, en faisant trop bon marché des données réelles de l'observation, pour formuler les hypothèses les moins légitimes, et des affirmations dont le peu de valeur ne répond nullement à l'assurance qui les accompagne.

Qu'est-ce que la matière ? Que sont les forces qui la font mouvoir ? Quels sont les rapports de la matière et des forces dans l'organisation du monde ? Telles sont les questions que nous aurons à examiner.

I

La science, ni la philosophie dite positive, ni même le matérialisme dont cependant le point de départ est l'étude de la matérialité, ne sauraient définir la matière. Dès qu'on veut en donner une idée précise, la confusion se fait.

Suivant M. Littré, la matière est « tout ce qui se

touche et a corps et forme [1] », et il fait suivre cette vague définition des diverses opinions émises par les philosophes : J. J. Rousseau, Buffon, Condillac, Aristote ; et enfin M. Littré finit en rappelant la définition négative de Voltaire : « Les sages, à qui l'on demande ce que c'est que la matière, répondent qu'ils n'en savent rien. » Ajoutons que les matérialistes, qui prétendent le bien savoir, confondent la matière et les forces en disant que la matière est « l'ensemble des forces manifestées par des phénomènes qui se perçoivent distinctement les uns des autres ».

Cette seule difficulté de définir la matière démontre combien nos connaissances, au sujet de l'essence de cette matière, sont encore bornées, malgré les innombrables et très-intéressantes recherches dont elle a été l'objet à différents points de vue scientifiques. Toutefois, telle que nous la voyons simplement autour de nous, la matière a pu être scrutée et étudiée dans ses conditions mathématiques, dans ses lois physiques, dans ses éléments et ses combinaisons chimiques ; et l'esprit humain a même pu, par une conquête toute moderne, reconnaître par des moyens nouveaux d'investigation, — par l'analyse dite *spectrale*, — la composition matérielle du soleil et d'autres astres lumineux

---

[1] E. LITTRÉ : *Dictionnaire de la langue française*.

situés à une énorme distance de notre globe[1]. Ces connaissances, quoique très-importantes, sont cependant loin d'être suffisantes; et d'ailleurs, il y a des conditions générales de la matière sur lesquelles on ne peut malheureusement formuler que des hypothèses scientifiques stériles, en se basant sur l'étude même la plus attentive et la plus variée.

Parmi ces conditions, la manière d'être de la matière considérée en général n'a pu être élucidée par les physiciens d'une façon complétement satisfaisante. Sans entrer dans les détails techniques de cette grave question, il me suffira de rappeler que

---

[1] On sait que, lorsqu'on fait passer un rayon lumineux à travers un prisme, sa lumière blanche se décompose en divers rayons colorés rappelant l'arc-en-ciel, et qui sont superposés dans un ordre constant. Lorsque le rayon de lumière est envoyé par un corps métallique solide en ignition, le métal ou les métaux incandescents manifestent leur présence par des raies brillantes transversales dans l'échelle colorée, raies toujours situées pour le même métal au même point de cette échelle, mais variable pour chaque métal. Si le corps incandescent qui envoie la lumière est entouré d'une atmosphère qui contienne ces mêmes métaux en suspension à l'état de vapeur, les raies décelant la présence du métal volatilisé sont noires au lieu d'être brillantes au même niveau du spectre.

C'est en se basant sur ces faits, signalés par Kirchhoff, que l'on a pu reconnaître dans le soleil la présence des métaux vaporisés et l'existence d'une atmosphère lumineuse, dans laquelle se trouvent plusieurs des éléments chimiques existant sur la terre. Cette admirable méthode d'exploration a fait constater en outre une foule de faits incertains ou inconnus jusqu'ici, relatifs aux planètes de notre monde et aux étoiles plus éloignées.

les corps sont considérés idéalement comme composés de particules infiniment petites, ne différant de la masse entière que par le volume, particules comprenant elles-mêmes des molécules, et celles-ci subdivisées encore en atomes, derniers éléments des corps. Ces atomes, malgré toutes les hypothèses qui cherchent à les expliquer, ne sauraient être bien compris ni par conséquent bien définis. En acceptant qu'ils sont le résultat de la réduction idéale de la matière à ses dernières subdivisions possibles, on a été jusqu'à admettre que ces atomes n'ont ni étendue ni forme, sans songer qu'ils cesseraient ainsi d'être matériels, et par conséquent de représenter la matière. On conçoit dès lors toute la difficulté de conclure d'une manière précise au sujet de l'arrangement ou de l'agglomération de ces atomes, même considérés comme des éléments matériels. Sont-ils réunis sans vides infiniment petits entre eux ? Existe-t-il au contraire de ces vides entre tous les atomes ? Après avoir admis la première de ces hypothèses, celle des corps considérés comme des agrégats intimes continus, on base maintenant les raisonnements sur la seconde hypothèse, celle des vides interatomiques si infiniment petits qu'on ne saurait les constater, mais nécessaires à admettre, parce que cette hypothèse seule permet d'interpréter les phénomènes de compression, de divisibilité, de pénétration, etc., que présente la matière.

En présence de ces données peu positives, il n'est pas surprenant que l'on reproche à la science de trancher, sans appui suffisant, certaines questions fondamentales relatives à la matière, et d'abord celle de son origine.

Cette question d'origine, insoluble pour la science, les positivistes ou matérialistes se sont persuadé cependant qu'ils l'ont résolue, parce que, disons-le, ils avaient besoin de paraître la résoudre. En la laissant de côté, en effet, et en ne disant mot de l'origine de la matière, ils sembleraient accepter la création, qu'ils nient avec plus d'énergie que de compétence. Comment donc ont-ils compris cette origine de la matière? En affirmant simplement, comme l'ont fait Moleschott et Büchner, que toute matière existe de toute éternité, parce que l'on ne saurait comprendre comment elle aurait commencé !

On est surpris de voir les savants se déclarant positifs, prétendant qu'il ne faut tenir aucun compte ni du commencement, ni de la fin des choses, résoudre par une simple affirmation, sans preuve aucune, le problème pour elle absolument insoluble de l'origine ou du commencement de la matière. Ils considèrent cette matière comme existant de toute éternité; et ils tranchent aussi cavalièrement la question de la fin de la matière, en disant que l'on ne comprend pas comment la matière pourrait être anéantie, et *par conséquent* qu'elle est immanente, et qu'elle ne périra jamais. Éternité d'origine, éternité de durée! Voilà décidée, résolue la question de l'infini appliquée à la matière, par une affirmation sans la moindre valeur scientifique.

On ne saurait trop attirer l'attention sur ces hypothèses du matérialisme pour en montrer la fragilité, l'inconsistance et l'inconséquence. Cet appel est d'autant plus nécessaire que ces hypothèses, une fois énoncées, servent de base principe à tout un échafaudage d'inductions, données comme des vérités. Ces inductions, par le fait de leur origine, peuvent être considérées comme l'absence, le néant de la logique.

Cette légèreté et cette inconséquence si graves du matérialisme vont plus loin que l'on ne pourrait croire. En présence de l'antiquité et de la permanence de la matière dans l'univers, la doctrine la dit non-seulement sans bornes dans le temps, mais encore dans l'espace [1]. Avec la même assurance que dans la question d'origine et d'avenir de la matière du monde, elle a en effet déclaré que cette matière était infinie en étendue! Büchner, rappelant l'immensité des espaces célestes constatés par l'astronomie, en conclut à l'occupation de l'infini de l'espace par les corps matériels dans l'univers.

Pour faire passer comme légitime cette hypo-

---

[1] Büchner : ouvrage cité, p. 89.

thèse, déduite sans raison d'une vérité incontestable, la dispersion incommensurable des astres, l'auteur allemand s'appuie simplement sur les nombres extraordinaires de milliers d'années qu'il a fallu à la lumière pour nous arriver de beaucoup d'étoiles malgré sa vitesse prodigieuse [1].

Quand Pascal a exprimé cette sublime pensée que l'univers est une sphère infinie « dont le centre est partout et la circonférence nulle part », il a eu en vue l'infini insaisissable dans le grand, infini toujours incompréhensible quoi qu'on fasse. Cependant on conçoit à la rigueur que l'imagination aille se perdre dans l'infiniment grand du monde, l'imagination seulement, sans que l'on soit autorisé à affirmer que la matière occupe l'infini de l'espace. Mais admettre l'infini dans l'extrême petitesse de la matière, c'est émettre un paradoxe trop extraordinaire pour qu'il mérite d'être sérieusement discuté. Néanmoins Büchner affirme l'infini dans la petitesse comme une vérité; et en se lançant ainsi dans la métaphysique, qu'il dédaigne tant, il abandonne sans s'en apercevoir le matérialisme lui-même, puisque la matière s'annihile complétement par sa divisibilité à l'infini, selon la juste remarque de M. Janet. Les matérialistes, si fiers de se baser sur les sciences exactes, rai-

---

[1] Cette vitesse a été déterminée par Rœmer. Elle est, comme on le sait, de 300,000 kilomètres par seconde.

sonnent comme s'ils ignoraient à ce sujet l'opinion des mathématiciens. Ces derniers en sont venus à démontrer d'une manière très-positive que l'infini ne saurait être invoqué à propos de l'univers. Si nous n'avions tenu à faire bien connaître au lecteur cette idée fondamentale du matérialisme, niant que le monde ait eu un commencement [1], nous nous serions contenté de cette objection positive ou mathématique formulée par M. Cauchy, argument si sérieux contre l'idée matérialiste de l'infini de la matière dans le temps et dans l'espace.

Ajoutons que les travaux astronomiques de Laplace, d'Herschell, d'Arago, d'Alexandre de Humboldt et d'Ampère ont mis hors de doute que tous les systèmes stellaires ont commencé par être des masses gazeuses et diffuses, appuyant ainsi sans dessein la solution donnée par la philosophie chrétienne, comme on l'a fait remarquer. Nous allons trouver, en faisant l'étude des forces, la confirmation des preuves du commencement de notre monde, fournie par l'étude de la matière.

[1] M. Cauchy, après avoir déclaré qu'on ne saurait admettre un nombre actuellement infini, ni une série composée d'un nombre absolument *infini* de termes, ajoute que cette proposition fondamentale s'applique aussi bien à une série de termes ou d'objets, ou même à une série d'événements qui se seraient succédé les uns les autres, comme les révolutions actuellement accomplies de la terre dans son orbite. Il en conclut avec une logique irréfutable que le monde a commencé. (Voyez Th. Henri MARTIN, *Les sciences et la philosophie*, p. 279.)

II

La matière, en tant que matière, n'est pas tout dans le monde : il y a aussi les forces qui font mouvoir visiblement ou invisiblement cette matière. Tantôt l'action de ces forces s'exerce sur les corps matériels sans les modifier dans leur compotion : ce sont les forces physiques. Tantôt elles dissocient ou combinent les éléments de ces corps pour en former des corps nouveaux : ce sont les forces chimiques. Dans leur ensemble, ces forces sont généralement appelées forces physico-chimiques.

Pour les comprendre au point de vue général, il faut les considérer comme produisant partout le mouvement. Ce mouvement universel observé dans la nature a fixé l'attention des savants et des philosophes. Au nom de la raison pure, on a fait remonter l'origine du mouvement non-seulement jusqu'aux causes naturelles, mais encore jusqu'à Dieu [1]. On voit dès lors l'importance attribuée de nos jours aux mouvements complexes de la matière et aux causes ou forces qui les déterminent. Je

---

[1] M. Schoebel : *Philosophie de la raison pure.*

veux parler ici seulement des forces dites naturelles ou physico-chimiques, la cause première devant faire l'objet du chapitre suivant. Ces forces naturelles se manifestent dans deux conditions principales : 1° entre les masses matérielles plus ou moins considérables; 2° entre les molécules de chaque corps matériel.

Le mouvement de gravitation universelle, dans son ensemble cosmique, fait rouler dans l'immensité de l'espace les globes et les matières planétaires avec une vitesse extraordinaire. Ce mouvement a été pendant un bien long temps ignoré par nous; il le serait encore, si nos connaissances astronomiques ne nous l'avaient fait connaître avec ce qu'il a de grand et d'imposant dans le monde visible. Rien ne nous révèle en effet, par une sensation quelconque, que la terre roule sur elle-même avec une vitesse de rotation de vingt-sept kilomètres et demi par minute (27,600 mètres), ni que sa masse décrit en même temps autour du soleil une courbe immense, puisqu'elle met une année à parcourir en entier cette ligne courbe, malgré une prodigieuse vitesse de projection de dix-huit cents kilomètres au moins par minute.

Tous les astres subissent un entraînement analogue les uns par rapport aux autres, s'attirant et se repoussant dans un équilibre toujours parfait, et par conséquent toute matière du globe terrestre, considérée dans ses plus grandes agglomérations et dans ses plus petites parcelles, est emportée dans le sens de ces grands mouvements subis par la terre elle-même. Tel est le premier résultat de cette gravitation universelle. Mais en dehors de cette gravitation générale, nous percevons très-bien les conséquences qui en résultent directement ou indirectement, conséquences qui se résument, dans les corps qui nous entourent, en attractions apparentes ou en mouvements variés, comprenant la cohésion, la pesanteur, la chaleur, les affinités chimiques, la lumière, l'électricité, le magnétisme. Et l'on ne sait ce que l'on doit le plus admirer, ou des manifestations variées de ces forces merveilleuses, ou de l'unité de leur expression physique, le mouvement : unité bien établie par les investigations scientifiques modernes.

Cette unité étant admise scientifiquement, comment se rendre compte de la variété de ses modes de manifestation, chaleur, lumière, électricité, etc., qui avaient été considérées pendant longtemps comme autant de forces particulières ? On s'explique cette variété de manifestations grâce à la découverte de la loi physique de la transformation de ces forces secondaires les unes dans les autres, en sorte que l'une cessant d'agir ne se perd pas, se trouvant aussitôt convertie en une autre force qui peut elle-même subir une transformation nouvelle, tout en conservant la même intensité. Ainsi se conçoivent la multiplicité des forces dites naturelles et leur unité. Nous n'avons pas à entrer dans des détails techniques au sujet de cette loi fondamentale de la transmutation des forces, ni des questions qui s'y rapportent, l'équivalence dans leur succession, par exemple. Nous énonçons seulement des vérités enregistrées par la science moderne, tout en faisant des réserves, que nous justifierons, sur les conséquences qu'on a voulu en tirer.

Ce qui n'est pas moins bien constaté par la science, c'est la prépondérance de l'action du soleil sur la terre pour la production des phénomènes nécessaires à l'entretien de la vie végétale et animale qui s'y développe sans relâche. Là est une source incessante et incalculable de forces physiques et chimiques pour notre globe. Le point de départ de cette merveilleuse action solaire est dans la chaleur et la lumière répandues par cet astre, hors de lui, avec une vitesse prodigieuse. La puissance calorifique et lumineuse du soleil est immense; car cet astre émet des milliards de parties de lumière et de chaleur irradiées incessamment dans l'espace. Et si l'on subdivise par la pensée cet ensemble de chaleur et de lumière en deux milliards trois cents millions de parties, la terre n'en reçoit qu'*une seule partie*[1]. Et cependant cette partie suffit pour entre-

[1] J. Tyndall : *La chaleur mode de mouvement.* Traduction

tenir la vie végétative sur notre globe. On a calculé que cette faible portion de la radiation solaire atteignant la terre pourrait y produire une somme de forces équivalentes à celles de cinq cent quarante-trois *milliards* de machines de quatre cents chevaux, et travaillant sans relâche le jour et la nuit [1]. Une partie de cette puissance sert à échauffer l'écorce terrestre jusqu'à une certaine profondeur; une autre partie se transforme en mouvements moléculaires, en actions et réactions chimiques, entretenant incessamment la vie des végétaux et la nutrition des animaux. Enfin la chaleur solaire concourt à la production de la plupart des phénomènes de mouvement dont le sol, l'air et les eaux sont le théâtre continuel. On a pu faire des tableaux descriptifs saisissants de l'inertie relative que présenterait la terre dans les ténèbres d'une nuit qui ne serait plus éclairée que par les étoiles, sans vie végétative et animale, si le soleil cessait, comme certaines étoiles disparues du firmament, d'envoyer sa chaleur et sa lumière à notre planète. Que de myriades de phénomènes physico-chimiques seraient alors supprimées simultanément !

Le mouvement dans la nature, avons-nous dit, est

---

française, p. 495. — La quantité de chaleur émise par le soleil, et mesurée par John Herschell et par Pouillet, est représentée par des nombres d'une concordance remarquable.

[1] Am. Guillemin : *le Soleil*. 2e édition, p. 33.

étudié dans deux conditions : au point de vue astronomique et physique dans les masses plus ou moins volumineuses, et dans l'intimité des corps, dans les molécules. Ces mouvements moléculaires, se rattachant en grande partie dans le monde terrestre à l'action solaire, ont donc une extrême importance. Aussi l'étude de ces mouvements a-t-elle fortement attiré l'attention des savants contemporains, qui ont publié à ce sujet des travaux d'une haute valeur. Comment agissent ici la chaleur et la lumière solaires? Nous avons vu la science être impuissante à résoudre la question de l'origine de la matière, en ayant recours à des hypothèses plus ou moins ingénieuses. Nous devons faire observer qu'en présence de l'origine des forces qui mettent cette matière en mouvement, la science, en tant que science, n'a pas été aussi impuissante, puisqu'elle a pu formuler la doctrine féconde fondée sur la chaleur comme origine secondaire des forces, et dénommée *thermodynamique*. Néanmoins, sur ce sujet même, « les idées des physiciens les mieux informés, nous dit Tyndall[1], sont encore incertaines, quant à la nature intime du mouvement qui constitue la chaleur ; mais le grand point, à présent, est de la considérer comme *un mouvement d'une certaine espèce*, et de laisser aux recherches futures à lui assigner

---

[1] Tyndall : *La chaleur mode de mouvement*, p. 60.

un caractère plus précis ». Qu'elle soit produite par un choc, par un frottement, par la compression, par les combinaisons chimiques des atomes, ou qu'elle vienne directement du soleil, la chaleur est en effet considérée aujourd'hui, — depuis Rumford et Davy, — comme un mouvement vibratoire donnant par le toucher la sensation dénommée chaleur. Nous ne saurions entrer à ce sujet dans d'autres détails scientifiques, notre but étant simplement de donner au lecteur une idée suffisante des forces naturelles, sans abuser des formules spéciales de la science. Il nous reste à exposer comment la science moderne a compris les rapports de la matière et des forces dans l'organisation du monde.

III

Les matières se meuvent et se combinent dans des conditions très-diverses par l'action des forces dites naturelles. Ces données suffisent aux matérialistes pour expliquer l'origine et l'ensemble de la vie universelle. Par conséquent, ils n'admettent pas une cause première créatrice, et se refusent non-seulement à la reconnaître, mais encore à s'en occuper. Nous verrons dans le chapitre suivant ce que la science conduit à croire à cet égard; il s'agit ici de la doctrine qui voit le tout de l'univers dans la matière et dans les forces naturelles.

Nous avons rappelé les importantes découvertes de la physique moderne au sujet de l'analyse spectrale des astres (p. 36, *note*), de la chaleur comme mode de mouvement, de la transformation des forces ayant la gravitation universelle comme origine unique, et de l'équivalence des forces secondaires dans leur succession. Ce sont de grandes lois naturelles ayant pu donner l'explication plus précise de certains phénomènes naturels obscurs jusque-là ; mais leur connaissance a suscité aussitôt des hypothèses nombreuses, et d'autant plus spécieuses qu'elles partaient de faits acquis à la science. Tout mouvement peut se transformer en chaleur équivalente à la force motrice ou au travail mécanique produit. Or, en présence de la prodigieuse chaleur développée en vertu de cette théorie au niveau des corps aussi volumineux que les astres qui se rencontreraient, on a pu se demander si l'incandescence du soleil et la chaleur primitive du globe terrestre n'avaient pas cette origine physique. Ce sont là des hypothèses ingénieuses sans danger pour la science ; mais il n'en est pas de même d'autres hypothèses dues à l'imagination des matérialistes, intéressés à les produire et à les affirmer.

De la transformation des forces agissant successivement sur des corps matériels différents, on a conclu que « la matière et les forces ne font qu'un, parce que ces forces sont inhérentes à la matière et comprennent toute cause de mouvement; qu'elles ne sont rien autre chose que des modalités particulières des atomes de la matière, de simples propriétés des matières, les unes et les autres étant partout les mêmes; qu'enfin l'étude de la nature ayant pour base et point de départ ce rapport constant de la force et de la matière, il faut absolument rejeter de cette étude tout ce qui tient du surnaturel [1] ».

Voilà comment, dans le système matérialiste, on doit envisager la matière et les forces dans leurs rapports réciproques.

Quoi penser d'abord de l'affirmation que la matière et les forces ne font qu'un? On prétend, pour le prouver, que l'on ne peut concevoir la matière sans force, ni la force sans matière. C'est une première erreur évidente. Je puis parfaitement concevoir un espace occupé par un corps solide dans un état de repos, sans qu'il soit nécessairement soumis à une force quelconque, même latente. Il est de notoriété scientifique que beaucoup de corps considérés isolément sont autour de nous à l'état d'inertie, leurs molécules ayant obéi complètement à leurs affinités réciproques, et l'intervention d'une

---

[1] Buchner : ouvrage cité, p. 300.

force étrangère étant nécessaire pour leur rendre le mouvement. Je conçois très-bien les machines et les engins matériels de mouvement également au repos, comme le moulin inerte sans l'action du vent, la machine à vapeur sans l'action de cette vapeur, etc. De même je puis avoir une conception très-nette d'une force en dehors des corps, comme la chaleur envoyée par le soleil à la terre, puisqu'elle part du soleil pour arriver à la terre, comme le vent arrive aux ailes d'un moulin qu'il fait mouvoir. L'opinion matérialiste « que la matière et les forces ne font qu'un » croule donc d'elle-même par sa base. D'ailleurs cette assertion ne peut s'appuyer sur la science; car Rumford, Davy, Tyndall, avec beaucoup d'autres savants, ont démontré que la chaleur, cette source si puissante de forces, peut être *engendrée* par le frottement, la percussion et la compression, aussi bien que par la combustion. En vain on prétendra que le frottement, la percussion, etc., ne font que rendre sensible de la chaleur latente contenue dans le corps en expérience. Un exemple entre autres : quand on fait fondre de la glace par le frottement, l'eau qui en résulte contient une quantité de chaleur beaucoup plus grande que celle qui était contenue dans la glace, comme Davy l'a constaté. La chaleur est donc immatérielle et distincte de la matière; c'est la conclusion logique que ce savant et le physicien Tyndall tirent de cette expérience.

Il en est de même de la lumière, de l'électricité, etc.

Ainsi tombe d'elle-même cette assertion hasardée du docteur Büchner : « Aucun naturaliste instruit, dit-il, n'oserait soutenir que les forces peuvent exister sans substratum matériel ; *il s'ensuit* qu'il n'y a d'actives que les forces appartenant à ces éléments. » Le matérialiste allemand confond ici l'existence d'une force avec sa manifestation, son action manifestée, que nous ne pouvons concevoir, en effet, qu'à la condition que cette action s'exerce sur un corps matériel. Mais autre chose est la force elle-même. Des confusions de ce genre se remarquent fréquemment dans les affirmations et les raisonnements des matérialistes. Les vibrations constituant le son d'un instrument de musique sont dues manifestement à une force étrangère à l'instrument lui-même : à un souffle, à un choc, à un frottement d'archet venu du dehors. L'instrument subit la force agissante, mais ne la renferme pas en lui-même. De même une machine à vapeur subit l'action de son principe moteur quand on lui a ajouté du charbon en ignition et de l'eau. Les forces physico-chimiques qui animent notre globe terrestre ne lui sont pas non plus nécessairement inhérentes. La terre, cela est facile à comprendre, tout en continuant à subir la gravitation, pourrait cesser de présenter à notre admiration la plupart des phénomènes physico-chimiques dus à l'action des forces naturelles, soit à son niveau, soit dans son atmosphère. Il suffirait simplement, nous l'avons vu, que le soleil cessât de lui envoyer sa chaleur et sa lumière. Le globe terrestre ne renferme donc pas en lui-même les forces nécessaires à l'entretien de sa vie matérielle.

On le voit, le matérialisme n'est nullement en droit de dire : La matière et les forces ne font qu'un, en considérant ces forces comme inhérentes à la matière même. On doit reconnaître seulement que, dans certaines conditions non susceptibles, à beaucoup près, d'être généralisées, les corps matériels peuvent être quelquefois par eux-mêmes une force, par leur cohésion, leur pesanteur, le mouvement reçu et leur résistance.

On a affirmé, sans plus de raison, que les forces sont une simple propriété de la matière. Le mouvement entraînant la terre autour du soleil n'est pas une propriété de la terre ; c'est une sujétion subie par sa masse matérielle en présence du soleil. Il en serait de même d'un fragment de planète lancé dans l'espace et arrivant dans la zone soumise à l'attraction terrestre, où il obéirait dès lors à l'action de la pesanteur en tombant sur la terre. Ce fragment, mû d'abord par une force d'impulsion étrangère, obéirait ensuite à une nouvelle force qui serait en dehors de lui : la force d'attraction terrestre. Voilà donc un corps matériel qui, loin de posséder en lui-même et par lui-même des forces primordiales, obéit d'abord à une force étrangère pour subir ensuite accidentellement l'action d'une autre. Nous pouvons encore rappeler l'opinion des savants qui conçoivent le soleil comme empruntant sa force — sa chaleur — à la pénétration incessante d'astéroïdes innombrables venant des espaces célestes.

Quand les matérialistes s'obstinent à considérer les forces comme de simples propriétés de la matière, ils agissent comme s'ils soutenaient que l'espace est une propriété des corps. Ce serait une fausse vue ; car les corps ont bien la propriété d'occuper une certaine étendue de cet espace ; mais on peut très-bien concevoir cet espace sans qu'il soit occupé par le corps, comme on le fait en géométrie. De même, pour les forces physiques, la pesanteur, l'électricité, le calorique, etc., les corps ont avec ces forces un simple rapport de sujétion. Ainsi, dans une expérience bien connue, l'oxygène et l'hydrogène étant réunis, on forme de l'eau par l'électricité que l'on fait intervenir. Pourquoi dès lors torturer le principe si simple et si clair que les forces naturelles ont des effets qui ne sont manifestes que dans les corps matériels ? On éviterait de se faire cette question étonnante : « Comment concevoir l'électricité qui ne s'exerce pas sur une particule ? » C'est comme s'ils se disaient : Comment concevoir la lumière diffuse du soleil dont nous jouissons, et qui ne se produirait pas dans l'atmosphère ?

Les matérialistes ne sont pas plus fondés à soutenir l'identité de la matière et des forces, en considérant les forces et la matière comme étant les mêmes partout dans l'univers. Cette proposition est évidemment trop absolue, et par conséquent de peu de valeur. On a découvert, en effet, par l'analyse spectrale, dont nous avons déjà parlé, l'existence dans certains astres de métaux inconnus à notre système. Et quant aux forces, si la plupart des étoiles ont une lumière blanche comme notre soleil, il en est dont la lumière est rouge, jaune, verte ou bleue. Ces lumières colorées n'agissent certainement pas de la même manière que la lumière blanche sur les planètes et sur les satellites que ces planètes peuvent entraîner autour d'elles. Il n'est donc pas étonnant que des astronomes contemporains aient constaté une grande différence entre certains mondes stellaires et le nôtre pour leurs conditions physiques, et par conséquent leurs forces. Cela se comprend facilement pour les systèmes stellaires possédant deux, trois, et même quatre soleils au lieu d'un. Ces groupes de soleils, agissant par leurs foyers calorifiques sur leurs planètes, en entremêlant leurs mouvements avec régularité, présentent nécessairement des conditions physiques et mécaniques étrangères à celles de notre monde.

Sans nous arrêter au rejet absolu par les matérialistes d'une intervention surnaturelle dans l'univers, cette question se trouvant traitée dans le chapitre suivant, il nous reste à rappeler, à propos du grand fait de la gravitation universelle, comment les adeptes de la théorie matérialiste, qui prétendent tout élucider, conçoivent l'origine et la permanence depuis des milliers d'années de cette gravitation.

Ils ont d'abord donné de cette origine une explication singulière. Le point de départ unique des forces cosmiques serait dans les mouvements infiniment petits des dernières molécules de la matière. Il faut, selon eux, se figurer dans l'univers une quantité innombrable d'atomes matériels animés de vitesses diverses, qui se sont groupés en systèmes pour former des molécules et des corps. « De l'échange du mouvement entre les différentes masses il est né des forces [1]. » Une fois l'ensemble des forces produit, l'ordre régnant dans l'attraction universelle dépendrait de ce que les corps célestes sont empêchés d'être attirés vers un centre déterminé par l'existence d'autres globes *qui sont au delà des*

---

[1] P. DE SAINT-ROBERT : *Revue scientifique*, 1872, p. 993.

bornes du monde visible, et qui exercent leur attraction en dehors de lui [1].

Pour comprendre l'impulsion donnée au monde et les phénomènes naturels, il faut donc, suivant les matérialistes, uniquement se préoccuper d'abord de ce qui s'est passé dans les parties infiniment petites de la matière. Les atomes animés de vitesses diverses qui se groupent en systèmes pour former des molécules, et les corps résultant de la réunion des molécules : voilà, selon eux, le principe du monde et l'origine de tous les mouvements qu'on y observe. Qu'il y ait un fait vrai dans cette hypothèse, le mouvement des molécules, on ne saurait expliquer par lui l'origine du monde. Eussiez-vous constaté positivement, dirons-nous aux matérialistes, que les choses se sont ainsi passées entre les particules atomiques, la question de l'origine du mouvement ne serait nullement résolue ; car vous ne sauriez pas nous expliquer comment les particules auraient commencé à se mouvoir. Vous dites, il est vrai, que l'on est forcé d'admettre ce mouvement comme ayant existé de toute éternité ; mais nous savons mathématiquement que tout mouvement a nécessairement un commencement. D'ailleurs, faire dépendre la gravitation universelle de mouvements moléculaires initiaux, c'est considérer

---

[1] Buchner : ouvrage cité, p. 80.

ces mouvements moléculaires, comme ayant précédé les grands mouvements cosmiques, et dès lors cette gravitation serait secondaire : elle n'aurait donc pas existé de toute éternité, cela est encore de la dernière évidence !

En définitive, la science dite positiviste ne saurait expliquer par elle-même l'origine de la gravitation. Elle est tout aussi impuissante à nous donner la raison du maintien régulier, depuis tant de milliers d'années, de l'admirable équilibre des astres mouvants. Dire avec Büchner que les globes de l'univers, visibles pour nous, se maintiennent en équilibre les uns les autres sans être attirés vers un centre déterminé, parce que, en dehors d'eux, il y aurait encore d'autres globes qui agiraient sur eux par attraction, ce n'est absolument rien prouver. Car comment ces globes invisibles, que l'on donne comme pondérateurs, seraient-ils maintenus eux-mêmes ? Hypothèse insoluble ! Vous avez beau imaginer d'autres globes au delà, maintenus encore par d'autres globes situés plus loin, il vous faudrait arriver à un ensemble de derniers globes qui maintiendraient en équilibre le tout des globes de l'univers. Et si, poussé dans ce dernier retranchement, vous arguez de l'infini pour échapper à la légèreté de votre propre explication, vous avouez qu'il n'y a pas de derniers globes. Vous laissez perdre ainsi votre affirmation dans le vide obscur de l'infiniment petit et de l'infiniment grand de l'univers.

Il ressort de ces considérations que la débilité de la doctrine matérialiste au sujet de la matière et de ses forces est flagrante. Il faut manifestement vouloir river d'avance son entendement à l'étude exclusive de la matière pour adopter cette doctrine comme une vérité. Sur des faits vrais, la manifestation des forces de la nature dans les matières du monde, la transformation réciproque de ces forces et l'universalité du mouvement, on a accumulé des suppositions inacceptables par la raison.

Nous devons donc admettre, pour être parfaitement logiques, que le mouvement en évidence se manifeste partout où nous constatons l'existence de la matière, sans pouvoir comme conséquence considérer, avec le docteur Büchner, les forces comme n'étant autre chose que des propriétés dépendantes de la matière, comme un de ses éléments inhérents à la matière même. Chemin faisant, nous verrons le matérialisme n'être nullement fondé dans ses autres hypothèses ou affirmations, données comme des formules de vérité. En attendant, faisons-le remarquer : le mot *cause*, dont la signification est excellente parce qu'elle embrasse toutes les abstractions, et même la matière lorsqu'elle est cause de mouvement, ne saurait être suppléé par le mot *force*. Une force donne le mouvement aux corps, mais il lui est impossible de donner la vie dans son ensemble, cette vie en vertu de laquelle les corps organisés humains sentent, pensent et se reproduisent [1].

Cette dernière objection est fondamentale, car elle suffit pour démontrer que les forces physico-chimiques ne sont pas les seules causes agissantes dans le monde; et elle met en évidence de vérité cette formule de bon sens qui en est le corollaire : les forces sont des attributs et non des propriétés de la matière.

Pour compléter leur théorie, les matérialistes ont dénaturé le mot *forces* en donnant ce nom à une foule de causes qui ne sauraient être ainsi qualifiées, et en changeant même complétement le vrai sens de cette expression. Pour eux, tout est matière et mouvement dans l'univers, et dès lors toute cause est une force. Il en résulte cette exagération inacceptable : les sentiments, la pensée, la civilisation même, sont de simples forces. Les besoins de la doctrine l'exigent.

Avec de pareilles raisons, le matérialisme est-il bien autorisé à nous dire que son système, échafaudé sur le sable mouvant d'hypothèses et d'erreurs, s'élève assez haut et assez ferme pour atteindre de

---

[1] Ce sujet est traité avec les développements nécessaires dans le cinquième chapitre de cet ouvrage.

sa négation l'idée d'une cause supérieure aux forces physico-chimiques? Assurément non ; il y est absolument impuissant, et il n'a pu, quoi qu'il ait dit, substituer à cette cause la matière, en la disant l'origine du monde. Mépriser la matière! dit Büchner en parlant du respect dans lequel on doit la tenir, rabaisser la matière, c'est pour l'homme se rabaisser lui-même[1]! On comprendra mieux cette haute idée des matérialistes sur l'homme, quand nous aurons montré les positivistes signalant l'humanité comme objet d'adoration nécessaire dans leur compréhension du monde.

Concluons, après avoir fait appel au bon sens et à la logique, que les corps matériels sont soumis à des forces agissant sur eux et qui en sont indépendantes; qu'ils ont « pour propriété la capacité d'être mus », comme le dit Malebranche. Cependant on doit admettre que ces corps peuvent, dans de certaines conditions limitées, celles de leur poids ou d'une impulsion reçue, devenir eux-mêmes accidentellement une force.

Nous venons de démontrer, croyons-nous, l'impossibilité d'admettre la doctrine matérialiste sur la matière et les forces, considérées en général. Cette doctrine se dressera devant nous encore dans cha-

---

[1] Ouvrage cité, p. 90.

cun des chapitres de cet ouvrage; aussi aurons-nous alors à compléter notre étude critique. Mais nous n'aurons plus, fort heureusement, à entrer dans des considérations aussi arides que dans le cours des deux premiers chapitres.

CHAPITRE III

LES CAUSES PREMIÈRES ET LA SCIENCE.

Causes en général.

I. — Abstraction au-dessus de toute matière. — Gravitation. — Ordre partout, nié par les matérialistes, qui admettent une activité propre à la matière, le fortuit et le nécessaire en toutes choses, et la spontanéité de la matière. — Accommodation intelligente des conditions du monde. — Action du soleil. — Nécessité d'une cause première ou de Dieu.

II. — Objections des matérialistes à l'idée de Dieu. — Réfutation. — L'idée de cette existence ne gêne en rien le savant. — Action providentielle et surnaturelle. — La nature prise pour Dieu.

On a beaucoup discuté et disserté, au nom de la science, sur les causes des innombrables phénomènes de l'univers, et principalement sur la première cause du mouvement universel.

Il y a partout dans le monde des mouvements apparents ou cachés, des successions de phénomènes, des enchaînements de faits continuels, et dans les choses des apparitions répétées de conditions nouvelles, qui sont plus ou moins persistantes ou seulement passagères : il y a des effets et des causes.

C'est là une vérité aussi évidente que la lumière ; c'est le simple langage du bon sens.

L'ancienne affirmation qui dit : Il n'y a pas d'effet sans cause, a formulé cette vérité en axiome qui domine tous les subterfuges de raisonnements. On peut dire que c'est une idée de l'entendement aussi claire que celle du tout plus grand que la partie.

Nous avons dû montrer précédemment l'insuffisance de la doctrine matérialiste au sujet de la matière et des forces qui la font mouvoir. Nous avons vu les adeptes de cette doctrine s'abstenir d'employer le mot *cause* et lui substituer le mot *forces*. Ils se font peut-être l'illusion de croire qu'ils parviennent, par leur silence, à supprimer le mot *cause*, ainsi que le fait général qu'il exprime[1].

Pour exposer ici la question des causes des mouvements matériels sous leur jour véritable, nous allons donner à ce sujet l'importance qu'on lui doit, en traitant successivement : 1° des effets et des causes tels que l'on doit les comprendre ; 2° de l'existence d'une cause première au point de vue de la raison.

---

[1] Auguste Comte n'approuve pas non plus le mot *cause* ; il ne consent qu'à parler des lois de succession, admettant seulement l'étude des causes dans tous les sens où un fait physique peut être la cause d'un autre. (Voyez *Auguste Comte et le positivisme*, par STUART MILL, traduction française, p. 61.)

I

Nous croyons avoir mis hors de doute, dans le précédent chapitre, que les myriades de mouvements moléculaires, se renouvelant incessamment, sont dues à des causes distinctes de la matière, quoique la manifestation active de ces causes ne puisse s'effectuer qu'avec la matière. Il n'est pas moins bien démontré que l'on peut d'une cause de mouvement remonter à une autre par suite de l'enchaînement des forces naturelles. Par conséquent tout effet produit par une cause physico-chimique a une durée variable, et par suite un commencement et aussi une fin ; car si une force se transforme en une autre, ou si une force nouvelle vient à agir, succédant ainsi à l'action de la précédente, il y a un nouvel effet produit. On peut remonter de la sorte, en considérant la matière, d'un effet à un autre, et par conséquent d'une cause à une autre cause.

Lorsqu'on étudie cet enchaînement, en remontant d'un effet matériel à une cause quelconque, on se heurte forcément contre l'essence immatérielle de cette cause, à une véritable abstraction. C'est un rapprochement inévitable, forcé, admis par certains positivistes, comme nous le montrerons tout à l'heure. Nous avons vu, néanmoins, que la plupart d'entre eux ne pensent pas ainsi et rejettent la réalité de toute abstraction. Il ne s'agit pas pour eux seulement des abstractions dans le sens strict du mot, c'est-à-dire des conceptions idéales n'existant que dans l'esprit, mais de tout ce qui est immatériel, c'est-à-dire sans étendue ni corps appréciable. C'est donc dans ce sens que nous comprendrons avec eux l'abstraction en général.

La doctrine positiviste et matérialiste, qui considère les forces comme de simples propriétés de la matière, comme étant la matière même, ne saurait, en effet, s'arrêter à reconnaître l'existence des abstractions, et surtout la réalité d'une abstraction d'où résulterait le mouvement universel en évidence ou en puissance. Néanmoins, l'attache qui existe entre les corps matériels et les influences immatérielles subies par eux a été reconnue, ai-je dit, par certains positivistes, notamment par Raucourt, qui a étudié le positivisme dans sa quintessence; les positivistes ne peuvent donc le renier. Il a formulé ainsi cette grande vérité : « Toute substance perceptible est un composé de quelque chose qui a un corps, et de quelque chose qui n'en a pas [1]... »

---

[1] RAUCOURT : ouvrage cité, p. 33.

Quoi qu'il en soit, cette observation, limitée à un fait isolé, doit être considérée comme un cercle qui s'agrandit démesurément par sa circonférence immatérielle, quand on étend l'observation à l'ensemble cosmique. L'attraction, par exemple, considérée dans les infiniment petits, puis dans les corps de plus en plus volumineux sur notre globe terrestre, constitue, quand elle s'exerce sur l'ensemble des astres, cette gravitation universelle qui maintient dans l'espace les astres et les planètes dans un équilibre de mouvement réciproque tellement admirable que l'esprit en est confondu.

C'est la plus générale des forces physiques qu'il nous soit donné de constater. Comment cette gravitation universelle a-t-elle commencé à fonctionner? Comment continue-t-elle incessamment depuis des milliers d'années avec la même régularité? Nous avons vu les positivistes faire des efforts stériles pour expliquer ce grand fait primordial par le jeu spontané des forces naturelles. Ce n'est donc pas de ce côté que peut être la vérité.

Dans ce vaste univers gravitant sans cesse, l'ordre extraordinaire qui y règne dans son ensemble et dans ses particularités infinies s'impose forcément à notre attention. Cet ordre a été admirablement conçu, et par conséquent voulu. La science moderne tendant si bien, à force d'investigations, à ramener à l'unité l'ensemble des forces physico-chimiques, est venue elle-même le démontrer. Cet ordre se retrouve partout ; il est visible non-seulement dans la profondeur infinie des cieux, mais encore dans les corps les plus infimes, dans tous les phénomènes de notre globe, à l'œil nu ou armé des plus puissants moyens optiques de grossissement. Le méconnaître est donc difficile. Il est universel et indépendant de la puissance et de l'influence humaines. Cet ordre manifeste gêne la doctrine des matérialistes; aussi a-t-il été tour à tour d'abord nié, puis, grâce à son évidence, admis par l'un d'eux, montrant ainsi la plus franche contradiction de raisonnement. Si l'ordre était tellement parfait, nous dit Büchner, « est-ce que la nature commettrait des fautes et les absurdités les plus étranges (!), telles que les animaux nuisibles..., le mal physique, les maladies? la cruauté du chat, la cruauté fréquente de l'homme? A quoi bon les beautés naturelles que l'homme ne voit pas? Pourquoi des organes inutiles et l'existence des monstres [1] ? » On peut simplement répondre à celles de ces questions qui sont le plus spécieuses, que tout petit dérangement survenu dans les œuvres humaines, dans les montres, par exemple, ne prouve en aucune façon qu'il n'y ait pas d'ordre dans la manière dont marche l'ensemble des montres. Les dérogations

---

[1] Büchner : *Force et matière*, p. 169.

apparentes à l'ordre universel les plus accentuées, les monstruosités animales, par exemple, sont soumises sans contestation à cet ordre, comme nous le démontre la science elle-même. On en trouve la preuve dans les travaux d'Isidore Geoffroy Saint-Hilaire, ayant pu prédire la formation de certains monstres non rencontrés jusque-là, et qui l'ont été plus tard [1].

Comme il suffit de regarder pour constater l'ordre cosmique, le système matérialiste, après l'avoir nié, n'a pu s'empêcher de le voir, mais en l'expliquant à sa manière.

Pour donner raison de l'évolution régulière et suivie, sans déviation ni désordre, des phénomènes du monde, et pour établir en vertu de quoi l'on y trouve partout le mouvement, on a imaginé que ce monde était « doué d'une activité propre » en vertu de lois se manifestant « dans la matière », les phénomènes n'étant « que les produits de combinaisons diverses fortuites ou nécessaires de mouvements matériels ».

Ainsi, dans le système, on explique l'ordre persistant de l'univers par des conditions *fortuites* et *nécessaires* dans lesquelles se trouve la matière !

---

[1] Il n'y a pas longtemps, M. N. Joly a communiqué à l'Académie des sciences (2 août 1875) le fait d'un monstre ainsi prévu du genre iléadelphe.

Arrêtons-nous à cette triste explication pour en montrer l'insuffisance.

Les conditions fortuites dans lesquelles peut se trouver la matière ! Cela ne peut certainement pas être autre chose que le hasard. Il a été beaucoup parlé de ce hasard, des coïncidences, de la réunion accidentelle d'éléments donnant fortuitement lieu à des combinaisons particulières, sans que l'on puisse faire accepter par aucun homme de bon sens que le hasard, dans n'importe quelle condition il intervienne, soit capable par lui-même de la moindre coordination. Cette impuissance est évidente, non-seulement dans les phénomènes successifs considérés en eux-mêmes et dans leurs rapports réciproques, mais encore dans l'évolution cosmique. Il est inutile d'insister sur l'insuffisance absolue d'une telle raison ; le matérialisme se contredit lui-même à ce sujet. Après avoir avancé qu' « il suffit d'un concours de circonstances fortuites pour que les êtres naissent et se développent », Büchner dit un peu plus loin que « *le hasard n'existe pas dans la nature*, où l'on trouve l'immutabilité des lois naturelles [1] ». Cette contradiction est formulée pour répondre à une objection du docteur Spiess, de Francfort, exprimant sa surprise qu'avec le hasard nous ne soyons pas témoins chaque jour de

---

[1] Ouvrage cité, pages 164 et 167.

combinaisons nouvelles et d'apparitions d'êtres nouveaux.

Quant à la *nécessité* à laquelle obéiraient les phénomènes cosmiques, il y a seulement deux manières de la comprendre : ou bien ces phénomènes arrivent, se suivent en s'harmonisant suivant des lois nécessaires, parce que ces lois ont été imposées à la matière par une puissance qui lui est supérieure, ce que refusent d'admettre les positivistes; ou bien cette nécessité résulte d'une sorte de fatalisme dans lequel on prend l'effet pour la cause. Les matérialistes, se refusant à admettre une puissance quelconque au-dessus des forces naturelles, acceptent la seconde donnée du dilemme : le fatalisme. Cela vous étonne, sans doute, lecteur? et cependant rien de plus vrai. Tout ce que nous voyons est arrivé et arrive fatalement, nous disent-ils. Ils se désintéressent ainsi de toute raison qu'ils seraient obligés de donner pour soutenir la formule du monde fortuit et nécessaire! Voilà donc le fatalisme institué en loi primordiale du monde! Et, remarquez-le bien, ce n'est pas même le fatalisme que le musulman conçoit avec Allah, c'est un fatalisme sans Dieu, un fatalisme mesquin, frère du fortuit ou du hasard dans l'univers, c'est-à-dire une absurdité.

D'autres ont cru remédier à la parfaite insuffisance de pareilles explications en disant que la matière a la spontanéité! En vertu de cette spontanéité, la vie, le mouvement seraient forcément dans toute matière, quelle qu'elle soit. Cette matière existe ; elle a donc en elle-même, dit-on, la spontanéité du mouvement, de la vie, sans l'intervention d'aucune puissance étrangère à elle ; et cela suffit pour qu'il y ait dans l'univers un ordre immuable des choses.

Il y a longtemps que l'on a dit que la matière avait en elle-même le principe du mouvement, une tendance à se mouvoir ; cependant jamais on n'a vu la matière, un corps matériel quelconque, manifester cette tendance par des signes déterminés et précis : il est désintéressé, comme on l'a fait remarquer [1]. Dans la chute des corps, l'accélération du mouvement n'a pas lieu par le fait d'une spontanéité imaginaire, mais parce que la cause du mouvement est incessante pendant la chute, et produit à tout instant un nouvel effet qui s'ajoute à tous les effets antérieurs persistant en vertu même de la loi d'inertie. Dans le choc, celui de deux billes de billard poussées l'une contre l'autre, par exemple, chaque corps choqué peut déterminer un mouvement dans l'autre corps, et être ainsi cause de mouvement, mais jamais par lui-même ni pour lui-même.

Quant à la vie organique manifestée dans tous les êtres vivants, elle s'expliquerait, pour le matérialiste, d'une manière très-simple : par la spontanéité.

[1] P. Janet : ouvrage cité, p. 37.

Il ne s'agit nullement ici, on doit le remarquer, de la spontanéité dite *vivante* des spiritualistes, — exprimant l'impulsion qui caractérise l'action du principe de vie dirigeant[1], — mais de la prétendue spontanéité de la matière. Les forces spontanées de la matière se manifesteraient chez les êtres vivants, parce qu'ils représentent un composé d'oxygène, d'hydrogène, de carbone et d'azote; tandis que si l'azote manque, la spontanéité produit des végétaux. Seulement il y a une difficulté qui ôte toute valeur à cette toute-puissance de la spontanéité : quelle est la force, évidemment supérieure à la prétendue spontanéité de la matière, l'obligeant à prendre, au milieu de tant d'éléments cosmiques, seulement le carbone, l'oxygène et l'hydrogène pour la production des plantes, et seulement ces trois mêmes corps, plus l'azote, pour la production des animaux? Et en vertu de quelle force particulière survient-il des végétaux et des animaux tellement divers, que l'esprit en est confondu? Non, la spontanéité sans la vie, fût-elle vraie, ne serait capable de produire des effets ni aussi complexes, ni aussi réguliers.

Le raisonnement fondé sur la spontanéité maté-

---

[1] M. Chauffard a publié dans le *Correspondant* un remarquable travail sur ce sujet; il a pour titre : *La spontanéité vivante et le mouvement*. (Le *Correspondant* de février et mars 1875.)

rialiste, pour expliquer tout mouvement et toute vie, est donc fort étriqué dans son insuffisance. Il ne peut empêcher qu'il n'y ait des causes de mouvement et de vie échappant au tact de l'homme et ne pouvant ni se mesurer, ni se peser : immatérielles en un mot, et faisant partie, par conséquent, de l'abstraction des choses.

Dans ce fatras matérialiste, on ne voit que des hypothèses forgées par l'imagination, de simples formules sans démonstration au point de vue de la doctrine.

Pour annihiler la spontanéité de la matière, de même que le hasard et la nécessité, donnés comme origine de la coordination des phénomènes cosmiques, une seule considération suffit à la rigueur ; la voici : du moment où il y a coordination des phénomènes et ordre dans leur évolution, la spontanéité, pas plus que le hasard ou la nécessité, ne sauraient les produire ; car cet ordre et cette coordination reposeraient sur le principe absurde que leurs facteurs matérialistes seraient doués d'intelligence, en ayant un but qu'ils rempliraient!

L'évolution continue dans l'ordre universel, l'aptitude parfaite partout et toujours des instruments naturels des phénomènes, démontrent donc outre mesure que le hasard ou la spontanéité de la matière ne peuvent être l'origine du mouvement, et qu'il résulterait de ce hasard et de cette spontanéité non-seulement le désordre, mais encore l'imprévu dans ce désordre.

Sans insister sur les détails infiniment nombreux de l'ordre dans l'univers, et sans faire de sentiment, comme le reprochent les matérialistes à leurs adversaires, je n'abandonnerai pas cette question sans rappeler quelques particularités, scientifiquement reconnues, de cet ordre dans notre monde. Ces particularités sont autant de preuves saisissantes que cet ordre a été conçu et prémédité nécessairement, dans un but se révélant de lui-même.

Notre soleil agit sur les planètes en les faisant d'abord graviter autour de lui, puis en leur envoyant sa chaleur et sa lumière. La terre, une de ces planètes, décrivant son orbite à une distance du soleil où la chaleur, perçue de cet astre directement, serait beaucoup trop élevée pour que la vie végétale et animale puisse s'y développer et y persister, présente cependant toutes les conditions indispensables à ce double but bien réel, puisqu'on le constate existant et se continuant sous nos yeux.

Qu'il nous soit permis de rappeler, d'après un de nos plus savants astronomes, M. Faye, les conditions favorables qui sont indispensables au développement de la vie dans notre monde [1].

Il faut d'abord à notre étoile soleil une première

---

[1] Voyez l'*Annuaire du Bureau des longitudes* de 1874.

condition fondamentale : c'est qu'un globe froid, plus ou moins voisin, lui soit associé. Tout ce qu'il faut de conditions indispensables dans cette association pour que la vie soit seulement possible sur le globe accessoire, sur la planète refroidie, est bien extraordinaire. On va en juger par la terre.

Il faut que ce globe se meuve dans un orbite à peu près circulaire, qui le maintienne en rapport de température convenable avec le soleil. L'étude des êtres vivants nous montre en effet que la température, dont l'échelle peut être considérée comme indéfiniment ascendante, doit être comprise dans des limites extrêmement restreintes sur la terre, puisque les germes ne peuvent s'y développer qu'entre 0 et 60 degrés. Le mouvement de rotation du globe sur lui-même ne doit être ni trop lent, ni trop rapide, pour que cette température agisse suffisamment, dans un temps donné, sur toute la surface de la planète. Trop lente, cette rotation laisserait trop d'influence à la radiation ou au refroidissement nocturne ; trop rapide, à l'absorption de la chaleur. Et pour que la chaleur du soleil, qui vivifie la terre, n'éprouve pas d'autres variations trop grandes, l'axe de rotation du globe annexé doit être en apparence irrégulièrement placé, incliné sur le plan de son orbite ; mais il ne saurait l'être non plus ni trop, ni trop peu. Il faut encore à la terre une atmosphère capable d'absorber et de modérer la chaleur du soleil pendant le jour, en s'opposant au refroidissement pendant la nuit; et pour remplir ce but indispensable, cette atmosphère doit contenir de l'eau. De plus, la masse des eaux de la planète qui fournit cette eau à l'atmosphère ne doit pas recouvrir entièrement le globe; il faut des espaces suffisants de terrain solide émergé, et les mers doivent avoir un équilibre stable.

Outre ces conditions astronomiques indispensables et si merveilleusement remplies, il y a une foule de conditions chimiques tout aussi étroites. Il faut à l'air qui nous entoure une composition à laquelle ne suffisent pas l'oxygène, l'azote et la vapeur d'eau : il doit être pourvu de traces d'acide carbonique, de traces seulement; car si sa proportion dépassait les limites existantes, ou s'il manquait absolument, toute vie serait impossible sur la terre. Je pourrais étendre encore l'énumération de ces conditions d'aptitude de la terre pour la vie qui y foisonne de toutes parts; mais je puis m'en tenir à ce court exposé, en faisant remarquer les rapports admirablement calculés de ces conditions, entre le trop et le trop peu, entre l'excès et le défaut[1].

Que l'on suppose supprimée une seule de ces conditions si parfaitement équilibrées, et tout l'ensemble périclite et devient impossible! Prenons

---

[1] FAYE : Annuaire cité (1874), p. 480 et suiv.

seulement pour exemple la lumière inondant l'atmosphère; quel prodige! Si l'air ne tamisait pas la lumière de manière à la rendre diffuse, quelle triste lueur nous aurions sur la terre! Vous avez vu la nuit, dans la campagne, une lumière perdue dans le lointain, triste à voir parce qu'elle révèle mieux la nuit sombre; vous avez pu vous trouver aussi en présence d'un incendie éloigné, projetant une lueur éclairant lugubrement les seuls objets qu'elle atteint; vous avez assisté à ces productions de lumière électrique dont la clarté éblouit comme celle du soleil, mais qui ne donne, comme les lumières terrestres, que des clartés et des ombres : elle aussi fait ressortir le sombre de la nuit. Cette limitation des effets lumineux tient à ce qu'ils se répandent, comme dans le vide, à travers une très-légère couche d'air transparent. Le soleil, au contraire, envoyant ses rayons à travers toute l'épaisseur si bien calculée de l'atmosphère, l'éclaire en faisant ressortir sa teinte azurée. Cette couche atmosphérique, d'une épaisseur appropriée en vue de la nécessité, tamise à l'infini la lumière solaire et nous donne la lueur bienfaisante du jour, tout en laissant traverser les rayons directs que l'astre projette à la surface de la terre. Sans l'atmosphère terrestre, le soleil produirait sur notre globe des lueurs directes au milieu des ténèbres, comme la lumière électrique, avec des ombres profondes, au lieu de cette lumière diffuse qui nous inonde pendant le jour, comme l'eau de l'Océan inonde les poissons qui y vivent.

Au point de vue de la vie végétale et animale, qui nous est connue, la terre est la planète favorisée de notre monde. Elle seule, en effet, comme l'a fait remarquer M. Faye, présente d'une manière certaine cet ensemble de conditions favorables au développement et à l'entretien de la vie. Parmi les autres planètes de notre monde, tournant avec la terre autour de notre soleil à des distances plus grandes, planètes que l'importante méthode d'analyse dite spectrale nous a appris à mieux connaître, il y a d'abord la planète Uranus, aux huit lunes, beaucoup plus éloignée du soleil que la terre et que toutes les autres planètes solaires, puisqu'elle met quatre-vingt-quatre ans à faire son évolution autour de l'astre central de notre monde. Elle est si peu inclinée sur son orbite, que chacun de ses hémisphères voit le soleil pendant quarante-deux ans. La planète Vénus semble exposée, avec son inclinaison également trop faible, à de trop grandes variations de la chaleur irradiée par le soleil pour que la vie terrestre soit possible à sa surface. Saturne, sur les régions qui seraient le plus favorables à la vie, au point de vue de la température, doit éprouver çà et là, périodiquement, des éclipses continuelles dues aux anneaux opaques qui entourent son globe. D'ailleurs la densité de cet astre étant reconnue inférieure à celle de l'eau, ce peu de consistance n'y permettrait pas l'existence de nos animaux supérieurs. Il en est de même de la planète Jupiter, dont le sol n'est pas non plus résistant. Mars est la seule planète pouvant présenter avec la terre l'ensemble nécessaire de conditions astronomiques, physiques et géologiques; et encore l'aspect invariable de ses continents rouges avec ses mers légèrement verdâtres n'est guère favorable à l'idée d'une vie organique largement développée à sa surface.

Ainsi voilà la terre, où l'on rencontre la vie partout, et qui présente toutes les conditions indispensables à cette vie avec une telle harmonie d'ensemble et une évolution si régulière, qu'il est interdit à l'intelligence humaine de pouvoir invoquer le hasard ou la spontanéité des forces physico-chimiques, pour expliquer la coïncidence de ces conditions. Il ne s'agit plus ici de la matière et des forces physico-chimiques, mais des conditions si bien ordonnées les mettant à même d'agir, pour remplir leur rôle dans l'entretien de la vie végétale et animale sur la terre.

Qui a favorisé la terre de ces conditions de vie dans notre monde, avant que l'homme s'y soit montré? Puisque ce ne peut être ni le hasard, ni la nécessité aveugle, ni la spontanéité, plus aveugle encore, c'est évidemment une force existant au-dessus de l'homme et du monde, une puissance intelligente ayant coordonné ces conditions en prévision du but qu'elle s'est proposé! De même l'homme, avec son pouvoir merveilleux, mais limité, agit comme puissance intelligente quand il combine et coordonne les rouages d'une machine. Il a évidemment un but, et il atteint ce but dans la mesure de son pouvoir intelligent, en arrivant à établir un ordre régulier dans le fonctionnement de sa machine.

Il n'est pas besoin de raisonnement, comme l'a fait remarquer Fénelon, pour apercevoir de part et d'autre la puissance d'un créateur qui éclate dans son ouvrage. Il ajoute avec un extrême bon sens : « Si quelque homme d'esprit conteste cette vérité, je ne discuterai point avec lui; je le prierai seulement de souffrir qu'il se trouve, par un naufrage, dans une île déserte : il y aperçoit une maison d'une excellente architecture, magnifiquement meublée; il y voit des tableaux merveilleux; il entre dans un cabinet où un grand nombre de très-bons livres de tout genre sont rangés avec ordre; il ne découvre néanmoins aucun homme dans cette île. Il ne me reste qu'à lui demander s'il peut croire que c'est le hasard, sans aucune industrie, qui a fait ce qu'il voit. J'ose le défier de parvenir à se faire accroire que ce sont des combinaisons purement fortuites. S'il se vantait d'en douter, il ne ferait que démentir sa propre conscience. Cette impuissance de douter est ce qu'on nomme pleine conviction. Voilà pour ainsi dire le bout de la raison humaine : elle ne peut aller plus loin. Cette comparaison démontre quelle doit être notre conviction sur la Divinité à la vue de l'univers [1]. »

De même, dirons-nous encore, que l'idée de la forme ronde de la terre, roulant sur elle-même dans l'espace autour du soleil, est nécessaire pour expliquer la succession des jours, des saisons et des années, de même l'idée de Dieu est indispensable pour que l'on se rende compte du mouvement harmonique des astres et de la perfection des phénomènes naturels dont l'homme est témoin. Cette idée de Dieu prime sans conteste l'action des forces physico-chimiques, auxquelles on a voulu de nos jours faire jouer un rôle si exclusif.

Malgré ces raisons dictées par le simple bon sens, qui suffit à la rigueur, malgré aussi les raisonnements logiques les plus sévères, les matérialistes athées ont nécessairement nié qu'il y ait eu un but poursuivi et atteint dans l'existence de notre monde, parce que ce serait, de leur part, reconnaître l'existence de Dieu. Le reste de l'univers, moins connu que notre monde, n'en présente pas moins évidemment le même ordre, la même harmonie, la

---

[1] Fénelon : *Lettres sur la religion*. Première lettre de 'édition Garnier, 1866, p. 247.

même évolution régulière, sans défaillance dans son ensemble grandiose; et cependant, là aussi, les matérialistes ont nié absolument qu'un but ait été poursuivi.

En présence des merveilles de la terre, Büchner, voulant donner le change, s'écrie : « Qui voudrait soutenir sérieusement que la terre ne pût être mieux disposée pour le séjour de l'homme ? » On trouvera ce contradicteur dans tout homme de bonne foi, ne formulant pas d'avance, pour la défendre à tout prix par des sophismes, une affirmation préconçue, mais cherchant la vérité, et s'inclinant devant elle après l'avoir trouvée. Le but comme l'ordre du monde sont, pour les matérialistes, le fait d'une « nécessité inflexible résultant des choses et de leur rapport réciproque,... un simple enchaînement de faits qu'il nous faut reconnaitre tel qu'il est ». Voilà l'explication vide de sens qu'ils nous donnent des rapports si extraordinaires qui existent, en évoluant vers leur fin, entre la matière et le développement des végétaux, entre ceux-ci et les animaux. Il n'y aurait pas là de prévoyance agissant à ses fins; il n'y aurait pas eu une impulsion donnée à ce présent qui se déroule toujours sous nos yeux; il arrive parce qu'il devait *nécessairement* arriver. C'est toujours l'absurdité du fatalisme inconscient. Certains lecteurs n'y pourraient peut-être pas croire si nous ne leur citions pas les propres expressions de M. Büchner. Les voici : « Les combinaisons de la matière et les forces de la nature *devaient* dans leur rencontre donner naissance à de nombreuses forces organiques ou inorganiques ; elles *devaient,* en même temps et d'une certaine manière, se limiter, se conditionner mutuellement et faire naître par là les dispositions tendant *en apparence* vers un but déterminé par une intelligence suprême. Notre esprit rêveur est la seule cause de la destinée apparente qui dérive uniquement de la rencontre des matières et des forces physiques... Comment pouvons-nous parler de conformité au but, ne connaissant les êtres que sous une seule et unique forme, et n'ayant aucun pressentiment de ce que serait ce but s'ils nous apparaissaient sous une autre[1] ? » Et cela continue ainsi par des considérations données comme essentiellement scientifiques. Le milieu ambiant, dont l'influence s'exerce depuis des milliers d'années, suffirait pour expliquer comment une foule d'organismes paraissent conformes au but dans la nature. « Si le poil des animaux septentrionaux est plus épais que celui des animaux des pays méridionaux, n'est-il pas plus naturel de voir dans ce fait la conséquence d'une influence extérieure, que de supposer un artiste céleste qui taille à chaque animal

---

[1] Büchner : ouvrage cité, p. 164.

sa garde-robe d'été et d'hiver? Si le cerf a des jambes longues et propres à la course, il ne les a pas reçues pour courir avec vitesse; mais il court légèrement parce qu'il a les jambes longues : s'il avait des jambes peu propres à la course, il serait peut-être devenu un animal courageux, tandis qu'il est maintenant un animal très-timide. La taupe a des pattes en forme de pelle pour creuser; si elle n'en était pas pourvue, elle ne se serait jamais avisée de fouiller la terre (!!) [1] »

Il n'y a pas à combattre ces raisonnements; ils croulent d'eux-mêmes sous leur incohérence. Le début de cette citation, avec sa nécessité aveugle et inexpliquée, est une vraie logomachie; et le cerf qui serait *peut-être* devenu courageux s'il avait eu des pattes peu propres à la course, et la taupe qui n'aurait pas creusé la terre si elle n'avait pas de pattes en forme de pelle, sont des déviations de raisonnement destinées à en imposer aux naïfs. L'esprit rêveur du matérialiste *doit* se demander, — selon sa loi de nécessité! — pourquoi le lapin court légèrement comme le cerf avec des jambes courtes, sans bravoure aucune, et pourquoi cet animal s'avise de fouiller et creuser la terre comme la taupe sans avoir de pattes en pelle. Le matérialiste *doit* encore se dire que, probablement, avec

[1] Buchner : ouvrage cité, p. 165 et 166.

un long temps dans l'avenir, cette occupation de creuser des terriers avec obstination *devra* modifier son organisation et la pourvoir de pattes en pelle « tendant *en apparence* vers un but déterminé par une intelligence suprême ».

Revenons au sérieux dont les plaisantes raisons de M. Büchner nous ont un moment écarté, et répétons cette déduction des preuves autrement décisives exposées plus haut. En dehors de la puissance de l'homme, du hasard, de la spontanéité et enfin de la nécessité, comme origines de l'ordre infiltré dans le monde, il faut reconnaître et admettre, par une conséquence logique forcée, que les causes cosmiques si bien coordonnées pour la vie sur la terre, dans un but harmonique bien évident, sont, comme l'ensemble de l'univers, sous la dépendance d'une cause suprême ou première, dont ils ont subi la direction, cause première dominant, par son intelligence et sa puissance supérieures, toutes les causes secondes de cet ordre parfait, et, par conséquent, toutes les forces ou plutôt la force physico-chimique universelle.

II

La conclusion que nous venons de formuler à propos des effets et des causes observés dans le monde ne saurait suffire pour la démonstration complète de l'existence de la cause première de tous les phénomènes cosmiques. Nous avons seulement envisagé la question au point de vue de l'étude des forces naturelles, au-dessus desquelles on voulait s'abstenir de s'élever; nous devons serrer la question de plus près, en discutant les raisons données pour ou contre notre conclusion, en dehors de celles que nous avons précédemment combattues.

Nous avons qualifié la cause suprême des phénomènes observés dans l'univers, d'intelligence et de puissance supérieures. Comme on ne saurait ni la voir ni la toucher, et que, par conséquent, il faut la considérer comme une abstraction, une des principales objections faites à l'existence de cette cause-principe est l'impossibilité de concevoir l'action d'une cause immatérielle ou abstraite sur le monde. Nous croyons, au contraire, que l'on peut avoir de cette cause première une conception très-nette, même au point de vue de la matière et du mouvement, en considérant le monde-machine en un mot.

Voyons ce qui existe pour une machine à vapeur et, en particulier, pour une locomotive. Cet exemple nous semble bien choisi; la locomotive, comme l'explique son nom, peut se mouvoir en effet d'un lieu à un autre, de même que les êtres les plus parfaits de notre monde, les animaux. Combien de

causes enchaînées l'une à l'autre elle nous montre !
Suivons cet enchaînement. Outre son rouage et son
piston, auxquels le mouvement est imprimé par la
vapeur d'eau dilatée, il y a d'abord cette vapeur
d'eau produite par la chaleur; la chaleur est elle-
même due à l'ignition du charbon, et cette ignition
est entretenue par l'attention humaine dirigeant la
machine. De plus, cette machine a une cause essentielle, immédiate : le fabricant. Mais ce n'est pas
tout encore. Comme toutes les locomotives, elle a
de plus au-dessus du fabricant une cause première,
qui fait qu'elle existe et qu'elle marche : c'est Watt,
qui l'a inventée et qui a perpétué ainsi sa pensée
dans la matière, en devenant la cause suprême du
mouvement de toutes les locomotives passées, présentes et à venir. Son corps matériel n'existe plus ;
mais, en vertu de la pensée immatérielle qui en est
sortie pendant sa vie pour persister dans les siècles
futurs, son action créatrice se continuera. Cependant
on ne peut voir cette pensée créatrice; il n'en reste
rien de tangible, sinon ses effets. Il y a donc là un
véritable créateur invisible, insaisissable, dont nous
voyons uniquement l'œuvre, et qui est néanmoins aussi indéniable que cette œuvre elle-même.
Ce créateur, on sait qu'il a existé, on l'a connu ;
mais ne l'eût-on pas connu, il faudrait nécessairement l'inventer; car il n'y a pas d'effet sans cause,
ni d'œuvre sans un créateur. Toute machine indus-

trielle a son créateur; seulement, comme aucune n'est absolument parfaite, il vient des créateurs de perfectionnements secondaires et successifs, ce qui différencie ces œuvres humaines imparfaites des œuvres cosmiques, qui se perpétuent dans leur ordre parfait.

En ne reconnaissant au-dessus de la matière que des forces, ou plutôt en ne voyant qu'un seul tout dans la matière et ses forces, comme le veut le positivisme, l'ensemble de la vérité vous échappe : vous n'en voyez qu'une partie. Vous admettez l'évolution des phénomènes suivant des lois naturelles, et vous ne voulez pas voir que ces lois, en tant que lois, ont une analogie avec celles qui sont édictées par l'homme au-dessus des sociétés humaines, et appliquées par lui. Ces lois humaines, créées par des législateurs, ne sont susceptibles d'aucune activité par elles-mêmes, malgré la puissance virtuelle qu'elles possèdent comme les lois naturelles. Il faut que ces lois humaines soient dirigées dans leur application et appliquées par des juges, des magistrats; elles ne sauraient atteindre en rien le coupable ou trancher des difficultés survenues entre les hommes, sans ces magistrats, dont l'intervention intelligente fait ainsi de la loi inerte un agent actif, une puissance agissante secondaire. Il en est de même, à plus forte raison, pour les forces ou puissances naturelles actives; elles ne peuvent être comprises qu'à la condition d'obéir à l'impulsion donnée par une intelligence dominatrice. L'homme n'est pas cette intelligence, quoi qu'on dise de sa puissance sur le monde : les forces naturelles agissent incessamment sans son intervention ; elles existaient avant leur découverte par l'homme, qui les a étudiées et utilisées à son profit.

Il y a donc, en dehors de la matière et du mouvement, une abstraction principe, une cause première certaine, à laquelle on remonte forcément quand on fait de la philosophie scientifique. On peut même dire qu'il y a des philosophes admettant le positivisme et faisant du principe divin l'origine du mouvement universel. Tel est M. Schœbel [1]. Tel est encore M. Spiess, appelé matérialiste croyant, parce qu'il a voulu faire concorder le matérialisme avec la foi à la révélation [2]. Malgré cette diversité de vues ayant pour objet le principe divin, elles démontrent d'une manière péremptoire que l'homme ne doit pas s'arrêter, dans l'ensemble de ses recherches scientifiques, à l'étude pure et simple des faits consta-

---

[1] « Le fait du mouvement et l'observation scientifique que le mouvement est indéfini, dit-il, nous conduisent tout d'abord à la certitude rationnelle qu'il est un être existant par lui-même, un Dieu personnel et infini, c'est-à-dire éternel. La philosophie de la raison pure inscrit ce point comme invinciblement acquis. » (M. SCHŒBEL, *Philosophie de la raison pure*, p. 10.)

[2] SPIESS : *Physiologie du système nerveux.*

tés matériels. Au nom de cette liberté que l'on réclame partout et pour tout, on exige que la pensée soit esclave, qu'elle s'arrête en chemin, et l'on traite d'intolérants ceux-là mêmes qui veulent élargir le cercle de nos connaissances.

Ainsi la science mène forcément à reconnaître un premier principe des choses, une cause première de la machine de notre monde, et, par conséquent, de l'univers, c'est-à-dire une force première dominant toutes les forces naturelles mises en jeu par elle, et se rattachant à une intelligence suprême. La science mène à Dieu, en un mot; elle est donc loin de fournir des preuves de sa négation, comme on l'affirme en toute occasion. Encore moins la science est-elle arrêtée dans sa marche en subissant la nécessité d'admettre son intervention dans le monde.

Lorsque, dans les siècles qui ont précédé le nôtre, la négation de Dieu se formula, car de tout temps cette tendance a existé, on la combattit par des raisons puisées non-seulement dans l'ordre extraordinaire de l'univers et dans la pérennité de cet ordre, dans les grands spectacles de la nature éveillant spontanément l'idée de Dieu quoi qu'on dise et quoi qu'on fasse, et dans les merveilles chaque jour renouvelées dans les myriades de corps bruts et de corps vivants de notre globe, mais encore dans cet instinct inhérent à l'homme, lui faisant comprendre que la grandeur de l'univers a nécessairement une première cause dont on retrouve la preuve partout.

Si l'on excepte certaines peuplades trouvées dans un état d'abrutissement intellectuel complet, et que l'on se plaît à citer, il n'existe pas de peuple, comme on l'a souvent rappelé, dont tous les individus soient athées. Dans le peuple le plus instruit entre tous, comme dans les peuplades les plus ignorantes et les plus barbares, vous trouverez un plus ou moins grand nombre d'individus, parfois tous sans exception aucune, qui reconnaissent l'existence d'un être divin et créateur.

Ces preuves de l'existence de Dieu ont un mérite fondamental, celui de pouvoir être facilement saisies par tout le monde, et par conséquent par les intelligences les moins cultivées. Elles sont et ont paru péremptoires au commun des hommes. Toutefois, elles n'ont pas semblé suffisantes à certains adeptes de la science de nos jours; ils semblent avoir pris à tâche d'affirmer le contraire de toute preuve traditionnelle.

Les savants ayant pour objectif les sciences qui embrassent l'ensemble de l'univers, l'astronomie en particulier, croient généralement à l'existence de Dieu. Les merveilles astronomiques sont tellement supérieures à l'homme, elles échappent si complétement à son influence dans leur ordre admirable et persistant, que la logique, même en tenant compte des progrès incessants de la science, comme nous le montrerons tout à l'heure, les force à s'incliner et à reconnaître l'existence d'une pensée suprême et toute-puissante, ayant enfanté les prodiges qu'ils peuvent constater.

Mais à l'opposé de cette science, grandiose dans son objet, se trouvent les sciences visant les corps et les phénomènes limités sur notre globe, et principalement les sciences ayant pour objet l'étude des infiniment petits. Ici l'homme et voit et touche la matière; il en étudie les forces physico-chimiques; il constate les effets de ses yeux; et son intelligence, en travaillant la matière et en utilisant les forces naturelles, les fait servir à son usage, et les emploie pour augmenter sa puissance, et pour agrandir le cercle de ses perceptions.

Dans cette zone inférieure, je veux dire matérielle, de la science, si attrayante par sa directe clarté, l'objet n'échappe plus complétement à l'influence de l'homme; il le tient, le manie, le domine dans sa limite appréciable particulière, et il y découvre chaque jour des merveilles nouvelles. Confiné dans ce domaine inférieur sans vouloir s'élever au-dessus du phénoménalisme visible, il s'affirme avec orgueil le vrai et le seul roi du monde. C'est encore là une des causes du matérialisme et par suite de l'athéisme.

Cette erreur de l'esprit humain, parqué, circonscrit dans l'étude des faits matériels, ne se perd que par l'intuition désintéressée de l'ensemble de l'univers, qui représente en même temps l'ensemble de la science.

Le docteur Büchner a cependant nié résolûment que l'étude de l'univers dans sa grandeur, comme la pratiquent les astronomes, fût pour eux, comme nous l'avons dit tout à l'heure, un motif de croyance à une cause première [1]. Mais nous avons à lui opposer l'opinion d'un savant dont la vie a été consacrée à la science astronomique, M. Faye. Après avoir exposé, dans le Mémoire auquel nous avons déjà fait des emprunts, les merveilleux résultats qui ont tant agrandi le cercle des connaissances astronomiques, et signalé les conquêtes nouvelles à espérer de l'analyse spectrale de la lumière des astres pour la connaissance de l'univers, M. Faye termine par une conclusion, supérieure à tous nos raisonnements, sur la portée philosophique des recherches astronomiques de plus en plus avancées. Il compare la science du début du dix-septième siècle à la science actuelle, et il ajoute : « Tandis que la première produisait sur la foule surprise le sentiment de notre insuffisance, contrastant avec les lois fatales d'un univers écrasant et à jamais fermé pour nous, la seconde nous fait entrevoir dans cet univers même la trace lumineuse d'une pensée suprême, au lieu

---

[1] BUCHNER : ouvrage cité, p. 116.

des combinaisons sans objet des forces inconscientes [1]. »

Combien d'autres illustres savants pourrait-on citer encore, qui ont été conduits à cette conclusion en Dieu !... Cependant cette preuve et les autres, pour les matérialistes, n'ont aucune valeur ! Ils ne trouvent « rien de si extraordinaire dans le monde qui puisse faire croire à une puissance créatrice ». Feuerbach donne à l'idée de Dieu une origine toute humaine, en la faisant dépendre du sentiment de dépendance et d'esclavage qui se trouve dans l'homme. Pour Büchner, toutes les idées de Dieu ne peuvent être aussi que des conceptions humaines représentant l'idéal de l'individualisme de l'homme. On n'arrive à donner une idée de Dieu que « par de belles paroles et des phrases ronflantes [2] ». Il trouve que si l'idée de Dieu était innée, elle ne serait pas si peu claire, si imparfaite et si grossière, qu'on voit adorer un Dieu sous forme d'un animal... Comme si l'adoration en elle-même, n'importe de quelle façon, n'impliquait pas l'idée d'un être supérieur à l'homme !

Que les positivistes me permettent cette question : si l'idée d'un culte, supposant nécessairement une puissance supérieure à l'homme, n'est pas une

---

[1] *Annuaire du Bureau des longitudes*, 1874, p. 490.
[2] Büchner : ouvrage cité, p. 278 et 281.

idée primordiale de sa nature, comment en sont-ils venus à proposer, comme nous le verrons, l'adoration de l'humanité comme objet d'une religion dite positive ?

Les objections à l'idée de Dieu ont été poussées jusqu'à la subtilité la plus mesquine.

On a mis en avant des arguments puérils, sans valeur en présence de ceux que j'ai rappelés plus haut et qui forcent le savant de bonne foi, ayant le cœur libre, comme le dit si justement Fénelon, à reconnaître une cause ou force première aussi positivement que l'existence de la matière et des forces naturelles. Cependant nous ne pouvons pas omettre de réfuter les plus spécieuses des objections de nos adversaires, parce qu'ils pourraient nous reprocher d'avoir gardé à leur sujet un silence qu'ils croiraient calculé.

Dieu, disent-ils, ne se voit pas, ne se manifeste pas *directement* à nous. Si loin que l'on examine dans les cieux, on ne peut l'y voir. Son action et son influence sur la marche des choses de notre monde sont une chimère, puisque nous démontrons par l'expérimentation l'action des forces naturelles, et que nous ne pouvons arriver de même à prouver l'activité de Dieu ! Pourquoi dès lors croirait-on à son existence ?

Ainsi raisonnent les matérialistes. D'abord, peut-on facilement leur répondre, on ne saurait voir toutes les choses que l'on admet, dont on est même forcé de reconnaître la réalité. Bien plus, dans notre monde terrestre, il est des choses que l'on sait exister d'une manière certaine, et qu'aucun homme n'a jamais vues ni ne verra jamais. Nous avons parlé des pôles et du centre de la terre, qui sont dans ce cas, et dont l'existence positive est une pure abstraction : et bien plus, une abstraction ne se manifestant à nous par aucun effet appréciable. Leur réalité se déduit seulement du fait de la forme sphérique de la terre et de sa rotation sur elle-même. Les forces naturelles, avons-nous dit déjà, ne se voient pas non plus. On peut donc avoir la certitude de l'existence de certaines choses qu'on ne saurait jamais voir. On y croit quelquefois, pour certaines d'entre elles, par suite de leur analogie avec d'autres faits certains. L'aveugle inondé par la lumière du jour, qu'il ne peut cependant ni percevoir ni comprendre, en admet l'existence quand on la lui démontre par l'analogie de la vue avec les autres sens qu'il possède. S'il n'y veut pas croire, malgré la croyance de tous les voyants, cela n'empêche nullement la lumière d'exister.

L'éloignement seul suffit pour faire disparaître en apparence les corps planétaires, corps matériels, ceux-là, ne cessant pas pour cela d'exister. Il ne peut en être ainsi pour nous de la terre, puisque nous e pouvons la quitter. Mais supposez-vous immobilisé dans l'espace, dans l'indépendance du double mouvement du globe terrestre roulant sur lui-même et tournant autour du soleil. En une minute, — une seule minute, — le globe terrestre vous aura laissé à mille huit cent vingt-trois kilomètres en arrière de lui ; une heure seulement après, vous le verriez de la grandeur où nous voyons la lune, et il serait éloigné de deux fois la distance de la lune à la terre. Après vingt-quatre heures d'éloignement, la terre n'aurait pas plus d'un double centimètre environ de diamètre apparent, celui d'une petite bille ; et enfin le petit globule, qui serait la terre, aurait bientôt disparu comme fondu dans l'espace.

Ainsi voilà la terre, ce globe-matière immense par rapport à nous, qui s'annihile et devient rapidement un atome invisible dans l'espace. Et les hommes, avec leur organisation individuelle admirable et si compliquée, sont transportés sur cet atome et constituent, s'il est permis de le dire, des atomes plus invisibles encore ! Voilà ce que devient le roi de l'univers sacré par la philosophie positive ! Voilà les réalités merveilleuses de son organisation et de sa puissance niables par le seul fait de la distance dans l'espace.

Il n'est donc pas possible de nier ce qu'on ne voit pas, ce qui n'est pas directement constaté ! Et, par conséquent, on ne fait pas, comme on le croit, une objection raisonnable à l'existence d'une cause première en disant qu'elle n'est pas appréciable directement.

Contre l'existence de Dieu on a objecté encore l'impossibilité de connaître son essence; la science ne pouvant dès lors arriver à connaître Dieu, il est impossible de comprendre une raison éternelle gouvernant le monde et se manifestant dans les lois immuables de la nature. Enfin, a-t-on dit, il est tout à fait impossible d'avoir une idée de l'absolu.

Il est clair, sauf pour ceux qui ne veulent pas entendre, qu'il ne s'agit nullement de comprendre l'essence même de la cause première ; une pareille prétention pourrait être traitée de folie, et, d'ailleurs, un Dieu que l'homme comprendrait, a-t-on dit avec justesse, serait un Dieu qu'il aurait inventé. Il s'agit seulement de concevoir l'existence de cette cause-principe. Or, nous avons montré que la réalité de cette existence était de nécessité scientifique. Le matérialiste admet comme incontestable l'existence des forces physico-chimiques. Serait-ce parce qu'il peut prévoir leurs effets réguliers, les diriger dans une certaine mesure en les utilisant pour ses besoins? Et nierait-il la cause première parce qu'elle échappe complétement, absolument, à son influence? Nous croyons que c'est, en effet, la double raison de sa négation orgueilleuse. Car, au fond, il ne comprend pas plus l'essence des forces physico-chimiques que l'essence d'une cause suprême.

On conçoit, d'ailleurs, pourquoi les matérialistes mettent tant d'ardeur et d'insistance à combattre par tous les moyens cette existence de Dieu si bien établie par le bon sens, par la conscience humaine, et — je puis l'ajouter maintenant — même par la science, sans compter les raisons d'un autre ordre que je n'ai pas à utiliser, puisque je ne veux parler qu'au point de vue de la science et de la raison. Cette existence de Dieu, comment, en effet, la ferait-on cadrer avec la science que l'on veut limiter exclusivement à l'étude de la matière ? L'existence d'une cause première en est l'obstacle fondamental ; elle sape tout l'échafaudage des raisonnements matérialistes. Et puis, ceci n'est-il pas un autre mobile de la négation : l'existence de Dieu rapetisse l'homme et son génie ? « Toute doctrine, dit le docteur Büchner, qui veut assujettir l'homme à une puissance inconnue le dégrade et fait de lui un esclave. » En effet, l'existence d'une cause première ferait de l'homme-roi un sujet. Il faut donc nier avec une assurance qui peut en imposer, en se basant sur l'obscurité de la nature de cette cause-principe !

N'est-il pas évident que c'est là le secret de cette conspiration contre Dieu que l'on cherche à infiltrer dans toutes les classes de la société, de cette guerre follement implacable faite de nos jours par tous les moyens à tout ce qui se rattache à Dieu, à tout ce qui le rappelle? Voilà comment des savants, réunis pour la publication d'un recueil encyclopédique des connaissances humaines, ont pu s'engager à n'y pas inscrire une seule fois le mot Dieu, et à combattre cette croyance.

Par une contradiction qui montre la grandeur de l'esprit humain au milieu de ses faiblesses, un autre groupe de savants publie une bibliothèque des merveilles du monde, et, volontairement ou non, ils nous montrent Dieu dans ses œuvres.

Nous croyons avoir exposé des raisons suffisantes pour forcer la croyance scientifique, basée sur la logique des faits, à admettre une cause première, à reconnaître l'existence de Dieu. Il nous paraît, dès lors, insensé de prétendre que si l'on introduit cette croyance dans l'étude des choses, on abrutit l'intelligence humaine en lui mettant un frein, en lui ôtant sa liberté. Si l'on veut bien y réfléchir : comment une conviction raisonnée élargissant les vues de l'intelligence — nous l'avons montré — pourrait-elle produire un effet contraire, la rapetisser? « Votre Dieu vous gêne, a dit M. Taine aux Anglais, vous n'osez raisonner sur les causes par respect pour lui [1]. » Cela peut être spirituel,

---

[1] H. Taine : *le Positivisme anglais*, étude sur Stuart Mill, 1864, p. 5.

mais, assurément, cela n'est pas juste. La science humaine, si bien faite pour passionner l'esprit, étudiant les phénomènes matériels de la vie et cherchant à en déterminer les causes, peut pénétrer de plus en plus avant dans cette étude et constater des particularités de plus en plus subtiles, sans être nullement entravée ou empêchée parce que l'on reconnait l'existence d'une cause première à tous ces admirables phénomènes; pas plus que le souvenir de Watt n'empêche le mécanicien de bien diriger la locomotive, et pas plus que l'idée de l'existence de Morse n'entrave le travail de celui qui manie le télégraphe électrique. Seulement il ne viendra pas à l'esprit du mécanicien de la locomotive, ou de l'employé du télégraphe, que leurs machines n'ont pas été inventées par quelqu'un, qu'elles n'ont pas eu ainsi une cause première, qu'elles ont existé de toute éternité; comme le disent les matérialistes de la machine du monde.

L'objection que l'idée de Dieu entrave les travaux de la science n'est donc pas sérieuse; elle est même des plus futiles. Néanmoins, elle est grave sous un certain rapport, puisqu'il se trouve malheureusement beaucoup d'hommes qui l'acceptent sans y regarder de près. Ils doivent être convaincus de leur erreur, s'ils sont de bonne foi; car la croyance à Dieu fait justement éviter à l'esprit de tomber dans ces déviations intellectuelles aboutissant à des erreurs sans nombre, et si funestes à la vraie science.

Cette conception par la science de l'existence de cette cause première, d'où tout émane et où tout converge dans l'ensemble du monde, donne certainement à l'esprit scientifique une liberté d'allures impossible à méconnaître, en lui permettant d'embrasser tout ce qu'il peut et tout ce qu'il doit dans la science. La philosophie est impossible sans Dieu : il est son aboutissant naturel et nécessaire ; il est son phare lorsqu'elle est en détresse, si elle ne veut, comme le ferait la terre sans la lumière et la chaleur du soleil, se mouvoir dans une éternelle nuit.

Ce qui déplaît surtout au matérialiste, et cela se conçoit très-bien, c'est la conséquence naturelle de l'existence d'un Dieu tout-puissant et tout intelligent : son action sur le monde. Peut-on, dit ce philosophe athée, admettre cette intrusion de la théologie dans la science ? Mais il ne s'agit nullement ici de porter atteinte à la science, ni de faire de la théologie. Cette science, partant des faits matériels, s'élève forcément de la constatation de la matière à la démonstration inévitable de la cause des causes, de la force suprême qui est au-dessus de toutes les forces naturelles et de toutes les matières du monde, à la preuve de l'existence de Dieu en un mot, — car il faut remarquer combien les grandes vérités s'expriment simplement et nettement, tandis que l'erreur a besoin d'utiliser les

-phrases, les hypothèses, les sophismes et les écrits sans fin. — Cette démonstration étant faite, l'action dirigeante de cette force des forces de l'univers est évidemment un simple corollaire de cette vérité acquise.

Le principe fondamental de la vraie philosophie scientifique consiste à voir dans la science les deux courants dont nous avons parlé, mais que l'on comprendra mieux maintenant : le courant remontant vers Dieu et que les savants sont forcés d'admettre, puisqu'ils le suivent le plus souvent, en partie du moins, en dirigeant leurs recherches sur la matière; et le courant redescendant, à partir de la connaissance de Dieu pour aboutir aux choses de l'univers, et constituant une science à part, la théologie proprement dite. Nous disons une science, car nous avons montré qu'on n'est nullement en droit de la bannir de la science en général, pas plus que toute autre science particulière, ou que la métaphysique. La science théologique a d'ailleurs une base au point de vue positif : ce sont les preuves fournies par la science de l'existence d'un Dieu infini dans sa puissance. Toute la dissidence entre les théologiens et les savants qui reconnaissent l'existence de Dieu consiste en ceci : pour les premiers, l'homme sent dans son for intérieur qu'il y a un Dieu suprême, en confirmation de la révélation qui a dû en être faite au premier homme ; tandis que, pour les seconds, l'existence de Dieu doit être admise comme conséquence objective. Mais pourquoi serait-il interdit ici au savant d'avancer vers ces connaissances théologiques? Le théologien et le savant déiste procèdent, en effet, à l'encontre l'un de l'autre : le théologien partant de Dieu, le savant déiste y aboutissant.

Je ne fais qu'indiquer ces étapes de l'esprit humain, montrant l'ensemble véritable de la science, rapetissée par le positivisme. Cette philosophie veut enclore la science généralisée dans des limites scientifiquement mesquines, imposant, nous ne saurions trop le répéter, un esclavage impossible à l'intelligence humaine au nom même de la liberté de la pensée.

Que vous rejetiez, par suite d'une direction spéciale de vos études scientifiques, cette science théologique en dehors des sciences physiques ou mathématiques qui vous sont plus familières, que vous franchissiez ce cercle clos avec M. Littré, en la dédaignant, ce rejet et ce dédain ne sauraient être justifiés, car ils n'empêcheront jamais la théologie d'exister dans l'ensemble de la science humaine, envers et contre tous, et d'avoir des facultés pour son enseignement ; et du moment qu'*elle est,* on ne peut la négliger qu'au même titre qu'un astronome peut délaisser la biologie.

Dieu ne peut pas être désintéressé dans la marche

du monde, malgré l'apparente monotonie séculaire des phénomènes, de même que l'intelligence humaine n'est pas désintéressée à l'égard de ses propres œuvres, quand il s'agit par exemple d'une locomotive. Jamais cette machine en mouvement ne continuera à marcher, si l'esprit de l'homme cesse d'être vigilant, malgré l'immutabilité d'action des causes physico-chimiques qui la font mouvoir. Cette machine pourra bien, nantie d'une certaine animation locomotrice et abandonnée à elle-même, fournir encore une course plus ou moins longue ; mais sa marche diminuera forcément dès qu'elle cessera d'être alimentée par l'attention du chauffeur ; elle se ralentira, puis s'arrêtera inerte.

De même dans une montre, ses rouages et son ressort, quoique en parfait état, ne peuvent suffire pour que les aiguilles marchent et marquent l'heure. Aucune force non vivante, aucun animal même, ne sauraient leur imprimer leur mouvement régulier dès qu'il est arrêté. L'outil humain par excellence, la main de l'homme, peut seul le faire, en remontant le ressort à l'aide d'une clef ; il redonne ainsi la vie à la montre. Mais le principe du mouvement n'est pas seulement dans le ressort, puis dans la clef et dans la main qui le resserrent ; n'est pas non plus dans l'élasticité du ressort mis en jeu par cette main : il y a au-dessus du ressort, de la clef, de la main humaine, qui sont tous matière, une puissance sans laquelle la montre serait inerte, morte : il y a la pensée dirigeant la main ; c'est là le vrai principe du mouvement de la montre.

L'homme-machine, le monde-machine ne peuvent échapper à cette loi universelle, qui veut que toute chose en mouvement ait un premier principe abstrait, intelligent, puissant et dirigeant, qui domine les forces secondaires inconscientes. Comment, d'ailleurs, concevoir, sans ce principe dirigeant suprême, la première impulsion du mouvement de gravitation universelle, cet admirable phénomène de statique d'où résulte l'équilibre extraordinaire des astres de l'univers, malgré le maintien de leurs prodigieux mouvements ?

Cette intervention de Dieu ne saurait donc être niée. Reconnaître cette intelligence infinie et ce pouvoir souverain au-dessus du monde comme ne pouvant pas ne pas exister, c'est constater, avec autant de précision qu'en a un corollaire de proposition géométrique, l'influence manifeste de cette intelligence sur notre monde, et son action dirigeante, impossible dès lors à méconnaître. Tantôt elle se manifeste à nous comme indéfinie et continue dans l'action incessante des forces dites naturelles, et tantôt elle s'exerce en dehors de l'évolution habituelle du monde. Cette dernière condition soulève la question si délicate du surnaturel accidentel, rejeté avec dérision par les matérialistes ou les athées, comme ne pouvant jamais exister nulle part dans l'univers. Le principe de la philosophie naturelle, disent-ils, consiste à expulser le surnaturel du domaine des connaissances humaines.

On peut faire remarquer que la science, conduisant à reconnaître l'existence d'une cause première de l'univers, montre par cela même toutes choses comme étant d'origine surnaturelle, et se conformant à une évolution réglée de phénomènes, dont les écarts apparents, diversement interprétés et rattachés souvent à des lois naturelles, ne sauraient néanmoins être toujours et quand même soustraits, en principe, à l'influence qui domine au-dessus de la nature. Si la science a signalé avec raison, dans le passé des siècles, l'abus des explications surnaturelles, par suite de l'ignorance des temps, ce n'est nullement une raison pour nier absolument le surnaturel. L'homme, quoi qu'il dise et quoi qu'il fasse, ne saurait entièrement échapper à ces pensées d'influences surnaturelles. Si, de bonne foi, ou au contraire de parti pris, il les rejette quand elles se présentent avec le caractère religieux, il les caresse souvent, à un autre point de vue, dans les habitudes ordinaires de la vie.

L'instruction seule, disent les athées, pourrait *guérir* le plus grand nombre des hommes qui admettent des exceptions surnaturelles aux vérités naturelles[1]. L'instruction est pour bien peu de chose dans cette question, car beaucoup de lettrés et de savants ont cette croyance, par raison ou par la foi, et par conséquent l'instruction poussée très-loin peut parfaitement être compatible avec cette croyance. Ce sont donc de grands mots et rien de plus que contient la citation précédente.

En finissant, nous dirons aux matérialistes : Établissez que les forces se succèdent et se transforment, et que l'agrégation et la désagrégation de la matière sont déterminées suivant des lois de plus en plus élucidées, il n'y a, dans ces progrès de la science concrète, dans ces constatations de phénomènes si bien coordonnés, rien absolument qui démontre que la matérialité soit tout. Si loin que vous puissiez vous avancer dans la science encore inconnue, il restera toujours en définitive une origine première à tous ces phénomènes chaque jour mieux expliqués, et tendant de plus en plus à se simplifier en une force originelle toute-puissante et tout intelligente : en Dieu, en un mot, ce cœur de l'univers auquel il a distribué avec tant de largesse le mouvement et la vie.

Il y a des savants qui, de parti pris, en voyant le mot Dieu dans ces lignes, fermeront aussitôt ce livre comme étant inutile à lire. D'autres savants,

---

[1] Buchner : ouvrage cité, p. 236.

timides en présence des opinions matérialistes, ne veulent pas prononcer le mot Dieu et se rejettent, comme les incroyants, sur *la nature*, dont la véritable signification, *l'ensemble des choses naturelles*, a été prise souvent dans le sens de cause, comme une expression n'engageant à rien, et avec laquelle on ne se compromet pas. En présence des merveilles d'organisation et d'ordre se montrant partout dans le monde, ils gratifient la nature d'ingénieuse et de prévoyante, admettant ainsi, sans oser l'avouer, la réalité de la cause première, souverainement intelligente et puissante. Il n'est pas jusqu'au docteur Büchner à qui il n'échappe, malgré lui, comme par une soupape de sûreté de sa machine *force et matière*, un souffle de vérité aussitôt arrêté, comme, par exemple, les mots « l'instinct créateur..... la force créatrice de la nature ».

CHAPITRE IV

ORIGINE DE L'HOMME.

Le transformisme ou Darwinisme.

I. — Deux variétés différentes. — Transformisme de Lamarck et de Darwin. — Leur base insuffisante. — Leurs preuves sans valeur scientifique.

II. — Évolution des êtres dans cette théorie. — Premiers germes. — Explication erronée des matérialistes. — Insuffisance de la seule intervention des forces naturelles. — Preuve d'Agassiz de la non-transformation. — Aveu de M. Darwin.

III. — Théorie de l'apparition des premiers germes et de l'homme sur la terre. — Dilemme. — Première graine. — Intervention intelligente nécessaire. — Intervention de Dieu. — OEuf humain. — Création de même ordre que celle des germes végétaux. — Analogies et différences avec les pensées humaines créatrices.

IV. — Insuffisance de la science anthropologiste pour établir l'origine de l'homme.

Par le bruit qui se fait, à notre époque, autour de cette question de l'origine de l'homme, on pourrait la croire toute moderne. Cependant elle a de tout temps préoccupé les philosophes. L'apparition de l'homme sur la terre à un moment donné, avant qu'il s'y soit multiplié, est un fait des plus certains, la terre ayant été avant lui dans un état de fusion ignée qui rendait impossible toute vie végétale et animale. Ce n'est qu'après la formation des continents et des mers que la végétation est survenue. L'homme n'est apparu sur notre planète que lorsqu'il a pu y vivre. Il a été la dernière comme la plus parfaite expression des choses que présente le globe terrestre.

Après ce que nous avons dit de la matière et de ses forces, en démontrant ensuite au-dessus d'elles une puissance suprême nécessaire, dont on ne saurait nier l'existence au point de vue de la science, nous devrions établir, comme simple déduction de cette vérité, que cette toute-puissance a, par sa volonté, fait surgir sur notre globe, au-dessus des minéraux, tout le règne végétal, puis le règne animal, et enfin l'homme. Mais la science moderne, tout en reconnaissant cette succession, n'admet pas de pareils corollaires, quelque logiques qu'ils soient, et elle cherche à faire prévaloir des doctrines scientifiques dont elle essaye en vain de montrer la suffisance. Au point de vue de l'apparition de l'homme, les savants de nos jours sont en effet divisés en deux groupes : les uns admettant l'intervention créatrice ; les autres la niant. Parmi les premiers, on compte des autorités considérables, entre autres M. de Quatrefages, le savant américain Agassiz et un peu, ce qui a lieu de surprendre, M. Darwin lui-même, comme nous le verrons plus loin. Les négateurs de l'intervention créatrice forment le groupe des partisans du transformisme. Niant Dieu ou ne voulant pas y penser, ils prétendent expliquer, d'une manière plus conforme aux lois qu'ils appellent naturelles, comment le minéral a usé *de ses propriétés* pour produire progressivement les végétaux, lesquels se seraient, progressivement aussi, perfectionnés d'eux-mêmes, de manière à faire apparaître les animaux. Ces derniers devenant de plus en plus compliqués comme les végétaux, toujours sous l'influence des forces naturelles, l'homme, le roi du globe terrestre, aurait été la résultante de tous ces efforts successifs.

Telle est la doctrine de la transformation dite naturelle des êtres de notre monde. Dans cette théorie, l'homme ne serait qu'un animal perfectionné, et comme on ne connait pas au-dessous de lui d'animal plus parfait que le singe, on accepte le singe comme souche la plus rapprochée du genre humain. Certains hommes, dans leur orgueil, acceptent, sans protester, cette paternité d'un ignoble animal; nous disons dans leur orgueil, parce qu'ils n'ont pas, de la sorte, à s'incliner devant une autorité supérieure à la leur, et l'être humain devient ainsi le point culminant de la perfection de toute la nature, par conséquent son propre roi, même son Dieu ! Cependant, cette origine seule ferait de cette élévation factice une humiliante dégradation, et il y a tout lieu de s'étonner que l'homme se la soit infligée, en se persuadant qu'elle est l'expression de la vérité. Quoi qu'il en soit, nous devons d'abord discuter sérieusement la valeur de cette conception moderne, à laquelle on attache une importance intéressée.

Après avoir fait l'exposé critique des arguments donnés comme preuves du transformisme, et de la théorie proposée de son évolution, nous montrerons comment le premier être humain a dû apparaître sur la terre. Nous terminerons ce chapitre par quelques considérations sur l'antiquité de l'espèce humaine selon la science.

I

La science moderne procède dans ses recherches de trois manières différentes : la première consiste à constater des faits, puis à en tirer des lois générales par induction ou déduction ; la deuxième procède par une simple hypothèse conçue d'avance par l'imagination. Dans ce dernier cas, on considère d'abord cette hypothèse comme une vérité provisoire, et bientôt comme une vérité définitive, parce que l'on croit trouver dans les faits existants des preuves à l'appui, sans s'apercevoir que l'on élague avec soin tous les faits contraires. Cette méthode scientifique, la plus précaire et la plus fautive que l'on puisse adopter, est malheureusement suivie à notre époque en maintes occasions, malgré son insuffisance fondamentale; car en l'adoptant on base la science sur l'imagination, qui peut être dite ici avec raison la *folle du logis*. Enfin, il y a la méthode expérimentale, qui part d'un fait connu ou d'une hypothèse préconçue, pour les légitimer l'un ou l'autre par l'expérimentation.

Nous ne saurions trop attirer l'attention, comme nous l'avons fait déjà, sur la faveur dont jouit l'hypothèse, et sur le laisser-aller, la défaillance dans le mode de raisonner de l'esprit moderne. En preuve nouvelle, rappelons que Comte, malgré sa vive conviction positiviste, prémunit les penseurs contre un examen trop rigoureux de l'exacte vérité des lois scientifiques de cette doctrine; et il réprouve sévèrement ceux qui renversent, « par une investigation trop minutieuse », des généralisations déjà instituées, sans être capables de leur en substituer d'autres[1]. Il ne serait donc pas permis, d'après Comte, de troubler dans leurs généralisations erronées les auteurs de théories mal fondées! Nous ne

---

[1] Auguste Comte : ouvrage cité, t. VI, p. 639.

saurions, en vertu même de la liberté de la pensée, souscrire à cette injonction d'Auguste Comte. Stuart Mill la considère avec raison comme une complète désertion des principes essentiels de la conception positive de la science, et comme le germe de la perversion de cette philosophie positive, dont lui-même est d'ailleurs un adepte fervent. Nous allons donc, avec une entière liberté, nous livrer à une investigation rigoureuse de la doctrine du transformisme des êtres, adoptée par le positivisme.

Lamarck, professeur au Muséum au commencement de ce siècle, doit être considéré comme le premier auteur moderne de la doctrine transformiste[1]. Nous disons auteur moderne, car cette doctrine date d'une haute antiquité. Les épicuriens, vieux ancêtres des matérialistes nos contemporains, ainsi que les stoïciens, expliquèrent de même l'origine de l'humanité. En formulant de nouveau l'hypothèse de la transmutation, Lamarck a donc plutôt ravivé que créé le transformisme à notre époque. Voici sa formule : « L'espèce, disait-il, varie à l'infini, et, considérée dans le temps, n'existe pas. Les espèces passent de l'une à l'autre par une infinité de transitions dans le règne animal comme dans le règne végétal. Elles naissent par voie de transformation et de divergence. En remontant la

[1] J. B. A. Lamarck : *Philosophie zoologique*, 1re édit., 1809.

suite des êtres, on arrive ainsi à un petit nombre de germes primordiaux ou monades, venus par génération spontanée. L'homme ne fait pas exception; il est le résultat de la transformation de certains singes. » Lamarck expliquait cette transformation par l'action — indéterminée — des influences extérieures naturelles.

Cette série d'affirmations manque de valeur scientifique, car elle est un simple jugement *à priori* porté sur l'ensemble des êtres, sans appui motivé. Aussi l'on s'explique que la doctrine n'ait pu résister, dès son apparition, aux attaques de Cuvier. Elle conserva néanmoins des partisans, dont plusieurs y ont vu surtout un argument en faveur du matérialisme.

Il faut arriver jusqu'à M. Ch. Darwin, en 1859, pour voir la théorie du transformisme prendre plus d'importance par les aperçus nouveaux du naturaliste anglais. A partir de cette époque, beaucoup de savants avec lui ont cherché à légitimer l'hypothèse du transformisme, par des données scientifiques puisées dans l'histoire naturelle, dans la paléontologie et l'embryogénie. Il s'agit de savoir si cet ensemble de données est suffisant pour faire qualifier le transformisme de vérité acquise à la science, comme le pensent ceux qui ont appelé grandiose cette hypothèse, et son auteur moderne, Lamarck, homme de génie! Nous allons rappeler les arguments à l'aide desquels M. Darwin et les auteurs qui l'ont suivi ont soutenu cette doctrine, et les objections très-sérieuses que l'on doit leur opposer [1].

Une condition importante à signaler dès le début de cette investigation, c'est que la théorie transformiste n'a pas surgi naturellement ou plutôt directement de l'observation; elle a été le résultat d'un enfantement des plus laborieux, comme celui de tous les produits imparfaits.

Pendant un voyage qu'il fit autour du monde, de 1831 à 1836 [2], M. Darwin conçut la première idée de son transformisme, différant de celui de Lamarck, qui était basé sur l'action des influences extérieures ou des milieux. M. Darwin prit son point de départ dans les transformations obtenues par l'homme sur les animaux et sur les plantes. Il les étudia avec soin [3], en imaginant qu'il devait exister une sélection naturelle semblable à cette sélection artificielle. Il signala des effets analogues se produisant quelquefois sur les animaux sauvages *par les hasards* dérivant de la concurrence vitale.

---

[1] M. Ch. Darwin n'a pas publié moins de sept ouvrages volumineux ayant tous pour objet l'origine des espèces par transformation naturelle. Nous les rappellerons chemin faisant.

[2] Ch. Darwin : *Voyage d'un naturaliste autour du monde*, fait à bord du navire *Beagle*; trad. par E. Barbier.

[3] Ch. Darwin : *De la variation des animaux et des plantes sous l'influence de la domestication*, 2 vol., trad. par Moulinié.

Que le naturaliste anglais considère la concurrence comme une loi générale de l'univers entre les forces physiques, entre les êtres des deux règnes, entre les hommes et entre les peuples ; qu'il regarde cette concurrence comme utile sous le nom de *lutte pour la vie* ou pour l'existence, parce que l'encombrement ne tarderait pas à se faire à la surface du globe ; cette manière de voir ne l'autorise nullement à conclure comme il l'a fait, en affirmant que la sélection naturelle est le principe fondamental d'une transformation ou d'une transmutation générale des êtres. Nous verrons ce que vaut réellement cette sélection naturelle, après avoir rappelé les autres preuves plus simples du transformisme données par M. Darwin et ses adeptes.

Les êtres vivants, c'est-à-dire naissant, se développant et se reproduisant, sont répandus à profusion sur la terre : les uns fixés au sol, les végétaux ; les autres qui en sont détachés, les animaux et l'homme. Il est facile de voir au premier abord que ces myriades d'êtres offrent des variétés infinies. La science, en les comparant les uns aux autres, a constaté des analogies et des différences d'organisation, et l'on a pu, en se fondant sur ces caractères, classer les êtres en genres et en espèces. Il en est résulté des divisions pouvant constituer des sortes d'échelons caractérisés, de l'un à l'autre, par une organisation plus compliquée. La plus remarquable de ces transitions de caractères est celle qui marque le passage du règne végétal au règne animal, certains genres de végétaux, ou les plus inférieurs des animaux, offrant des caractères des uns et des autres à la fois.

Ce grand ensemble gradué des êtres vivants constitue pour M. Broca les caractères *sériaires* du transformisme. C'est le premier point d'appui de la doctrine formulée par Lamarck; aussi devons-nous d'abord appeler sur cette classification des êtres l'attention du lecteur. La fragilité de cette base du transformisme sera facile à démontrer.

Les êtres classés en échelons par la science sont disséminés partout dans le monde, et la géologie, nous le montrerons plus loin, a prouvé qu'il en a toujours été ainsi. Il ne s'agit donc, dans cet échelonnement, que d'un classement tout à fait artificiel, montrant simplement les êtres qui en sont l'objet avec une organisation plus ou moins compliquée. « Les caractères qui relient l'homme aux animaux sont visibles pour tous, dit un anthropologiste contemporain... Quel que soit le secret de l'origine des êtres, il est certain que les choses se présentent *comme* s'ils dérivaient les uns des autres [1]. » En effet, il y a l'apparence; mais être n'est pas paraître: tel est le sens d'un dicton vulgaire d'une vérité in-

---

[1] Paul Topinard: *l'Anthropologie*, 2ᵉ édit., 1877, pages 19 et 191.

contestable. Il n'y a pas là de preuve *sériaire*, il y a simplement une apparence, je le répète, et l'échelonnement artificiel n'implique nullement la transformation. Cette classification peut se comparer au cadre d'un dictionnaire où se trouvent rangés les mots des discours, sans que ces mots se soient produits successivement l'un l'autre dans l'ordre alphabétique; ils sont au contraire distincts et étrangers l'un à l'autre, à très-peu d'exceptions près. Il en est de même d'un simple alphabet, où les lettres représentent les éléments des mots sans que, dans le fait de leur classement alphabétique, on puisse trouver la preuve du transformisme de la première lettre à la dernière. On doit donc dire avec Agassiz que la classification naturelle n'empêche nullement de considérer l'origine de chaque type végétal ou animal comme ayant été isolée.

Voilà tout d'abord cette classification naturelle des êtres vivants, semblant se présenter comme une preuve fondamentale de la doctrine du transformisme, et qui ne prouve rien par elle-même, si ce n'est qu'il y a des milliers d'êtres vivants de la vie végétale ou animale de tous les degrés, depuis le plus simple d'organisation jusqu'au plus compliqué.

Malgré ces fortes raisons de douter de l'origine des êtres par transformation, M. Darwin n'a pas d'hésitation à ce sujet, ce qui nous paraît peu scientifique. Il admet en principe qu'il y a eu transformation des espèces animales inférieures aux espèces supérieures. Cependant il est d'abord de notoriété incontestable que dans la classification des êtres de la nature il y a de singuliers écarts constituant des lacunes entre un grand nombre d'espèces animales; et cela ne s'accorde nullement avec l'idée de la transformation des espèces les unes dans les autres. Néanmoins ces faits positifs n'arrêtent pas le savant anglais. Il explique ces lacunes par la conservation des espèces présentes qui aurait eu lieu au détriment d'espèces intermédiaires disparues par suite de la concurrence vitale [1]. Il y aurait eu, sans aucune autre preuve que les lacunes entre les espèces, des guerres d'extermination entre les races d'animaux, guerres motivées par la nourriture et par la domination, les races les plus fortes ayant exterminé les plus faibles dans la « *lutte pour la vie* ».

Nous pourrions faire valoir beaucoup de raisons en opposition à cette théorie; mais nous nous en tiendrons aux principales. Rappelons d'abord trois preuves contradictoires dont on ne saurait récuser l'importance.

D'abord les animaux les plus forts et les plus

---

[1] Ch. Darwin : *L'origine des espèces au moyen de la sélection naturelle, ou la lutte pour l'existence dans la nature*, trad. par E. Barbier.

gigantesques, ainsi que le prouvent les études paléontologiques, sont précisément les principaux qui ont disparu d'une manière certaine de la scène du monde. Le second fait positif est celui-ci : dans les terrains de tous les pays et de toutes les époques, on n'a jamais trouvé que des restes d'animaux d'un type distinct, sans traces de formes intermédiaires. Enfin, l'homme n'a certainement pas exterminé les races d'hommes-singes, les prétendus *précurseurs* de l'homme imaginés par les transformistes ; et, si cette race avait réellement existé, elle devrait remplir la lacune si bien caractérisée que nous constatons entre le singe et l'homme. Arrêtons-nous encore à la fiction de cette race intermédiaire.

De l'aveu des anthropologistes partisans du transformisme [1], il y a une profonde démarcation, une lacune considérable entre l'homme et les grands singes : le gibbon, l'orang, le chimpanzé et le gorille. On a dénommé ces derniers anthropoïdes, comme si cette étiquette trompeuse suffisait pour démontrer la filiation du singe à l'homme ! En fait, il n'y a pas entre ces grands singes et l'homme une analogie caractérisée ; il n'y a que des ressemblances insuffisantes. Il est peu scientifique, en effet, d'admettre des attaches d'évolution entre eux, en prenant une de ces ressemblances avec l'homme

[1] Voyez Paul Topinard : *l'Anthropologie*, 2º édit., p. 194.

chez l'un des singes, et une autre chez le second ou le troisième. Ce qu'il y a, en outre, de puéril dans ce rapprochement, c'est que nous ne trouvons entre les singes dits anthropoïdes et l'homme aucun singe intermédiaire, avec un cerveau plus développé que le cerveau des grands singes, dont le volume est des deux tiers inférieur à celui de l'homme. Nous devrions évidemment trouver quelque part ce précurseur dont nous avons parlé tout à l'heure, non-seulement avec un cerveau plus volumineux, mais avec des pertes de laideur, des rudiments de langage, des aptitudes rappelant progressivement des qualités humaines, et surtout des progénitures plus parfaites que leurs parents. Cette lacune trouble la sérénité de l'hypothèse transformiste. « Que dirions-nous, dit un anthropologiste zélé, si, au lieu d'être réduits aux formes humaines et simiennes que le temps nous a laissées, nous avions à notre disposition les intermédiaires qui nous échappent ? » Cette absence, en effet, est bien compromettante pour la doctrine transformiste. Ses défenseurs n'ont rien trouvé de mieux pour y obvier que cette assertion bizarre : Si cet être intermédiaire à l'homme et au singe ne se retrouve pas, c'est qu'*il a dû vivre sur un continent immergé aujourd'hui.* Le professeur Hæckel va jusqu'à indiquer les îles de Madagascar, de Ceylan et de la Sonde comme les restes de ce continent mystérieux. Voilà les bizarres hypothèses auxquelles peut conduire la science moderne du darwinisme !

En définitive, on ne peut expliquer toutes les lacunes entre les espèces animales autrement que par ce double caractère : elles sont primitives et naturelles. Les animaux gigantesques primitifs, par exemple, ont disparu par suite de modifications du milieu où ces animaux avaient d'abord pu vivre, et non, comme on l'a dit, exterminés par l'homme. Le classement artificiel par échelons n'a pu être complet par ces différentes raisons, et a dû nécessairement montrer ces lacunes. Ajoutons que si l'individualité originelle n'existait pas, les germes les plus inférieurs se montrant toujours à profusion, il faudrait admettre cette impossibilité : un certain nombre seulement de ces germes aurait fourni les espèces plus compliquées, et les autres se seraient indéfiniment reproduits avec leur type primordial. Nous reviendrons plus loin sur la question importante des germes primitifs. Voyons par quels autres arguments on soutient la théorie du transformisme.

Un des considérants en apparence les plus sérieux que l'on ait fait valoir pour soutenir la transformation dans les espèces animales est tiré de leur conformation anatomique. Pour coordonner l'ensemble des êtres vivants tels qu'on les trouve sur notre globe, on a pu se baser sur des faits similaires de conformation incontestables. Chaque espèce animale n'a pas un ensemble spécial complet de caractères extérieurs et de particularités d'organes. Une espèce a un caractère anatomique que l'on retrouve moins parfait dans une espèce inférieure, et plus perfectionné chez un animal plus élevé dans l'échelle zoologique. Au contraire, on constate également que certains organes, au lieu de se perfectionner, se perdent d'un animal inférieur à un animal supérieur en organisation, ou deviennent rudimentaires.

Il en est de même des caractères physiques, qui peuvent s'enchaîner en apparence par quelques détails, par exemple, du reptile jusqu'au singe, malgré les énormes différences de ces êtres extrêmes.

En constatant ces analogies et ces différences physiques et anatomiques, on les considère comme démontrant le transformisme dans le développement de l'animalité sur la terre, les espèces les plus simples ayant produit, de la sorte, à la longueur des siècles, les animaux les plus parfaits, et par suite l'homme. Pour appuyer cette doctrine, dont nous ne cherchons, comme on le voit, à dissimuler aucun point d'appui, on emploie un raisonnement spécieux, mais d'une partialité manifeste. On déprécie les qualités physiques de l'homme et son organisation, pour les mieux rapprocher de celles des bêtes, et l'on rehausse et exalte la perection des organes et des fonctions des animaux pour les rapprocher de ceux de l'homme. On fait ainsi un rapprochement ou plutôt une fusion factice et fausse. Pourquoi d'ailleurs chercher dans ce rapprochement la preuve d'un enchaînement effectif ? On ne songe pas qu'il faudrait, avant tout, démontrer la réalité de cette succession originelle.

On peut objecter de plus, en restant en dehors de toute passion de raisonnement, que l'apparition isolée de chaque espèce a sa preuve dans ses caractères spéciaux, et dans leur identité de succession. La beauté des formes chez l'homme, sa station bipède, son organisation admirable, sa main, son intelligence, son langage parlé, son langage écrit ou mimé, et enfin ses qualités morales, en font un être à part, dont les caractères mettent entre lui et l'animal le plus perfectionné un intervalle immense, un écart absolu ; car il n'y a aucune de ces perfections que vous puissiez développer suffisamment chez les singes [1].

M. Darwin s'efforce, dans des recherches méti-

---

[1] Les anthropologistes réduisent à deux seulement les différences réelles qui existent entre l'homme et les grands singes : 1° l'homme se tient debout, tandis que le singe se tient tantôt debout, tantôt à quatre pattes ; 2° le cerveau de l'homme est trois fois plus gros que celui des plus grands singes. Ces savants font des variations physiques du corps, de la direction du regard, de l'intelligence, du langage et de l'angle facial des conséquences ou des *effets* de ces deux conditions. C'est une induction qui manque absolument de logique.

culeuses, à trouver encore dans les animaux les moyens d'expression de leurs sentiments [1], en les signalant laborieusement comme les rudiments de ceux de l'homme, et il cherche à les expliquer par l'organisation. Mais les considérations qu'il déduit ne sont que des aperçus dits ingénieux, mais elles ne sont pas non plus des preuves.

Pour animaliser complétement l'homme par tous les moyens possibles, on a cherché d'autres raisons; ce sont encore des à peu près insuffisants. La question des ancêtres tansmettant de leurs qualités à leurs descendants, même éloignés, est une déduction de peu de valeur pour prouver l'attache originelle de l'homme aux espèces animales. Trop d'exemples démontrent d'ailleurs que les ressemblances physiques et morales ne se perpétuent pas absolument. Sans parler des fils sans ressemblance avec leur père ou leur mère, ni des hommes à intelligence bornée qui sont fils d'hommes de génie, ni des hommes illustres de basse extraction, il est certain que lorsque existe l'*atavisme*, ainsi que l'on désigne le fait des transmissions héréditaires [2], ses caractères se perdent après un petit nombre de généra-

---

[1] Ch. Darwin : *l'Expression des émotions*, 1 vol., traduit par S. Pozzi et R. Benoit.

[2] Le mot *atarisme* s'emploie en botanique pour exprimer le fait contraire à l'hérédité : la tendance des variétés à revenir à leur type originel.

tions, au lieu de perfectionner de plus en plus les descendants.

Lamarck pensait que la transformation des êtres avait lieu par l'adaptation des organes aux conditions de l'existence, les changements dans les circonstances extérieures obligeant l'animal à contracter des habitudes différentes qui produisent une suractivité et une augmentation de certains organes, et, au contraire, une diminution d'activité et un amoindrissement de certains autres. Selon ce savant, ces modifications accidentelles se transmettaient par hérédité et formaient souche par des modifications ultérieures et par conséquent nouvelles. Sans nier ces modifications dans une certaine mesure, il s'en faut de beaucoup qu'elles soient toujours transmissibles chez les animaux et chez l'homme, surtout à plusieurs générations successives. Nous voyons tous les jours chez l'homme certains muscles, comme ceux des bras et des épaules chez les ouvriers en glaces et sorbets, acquérir, par une activité presque constante des membres supérieurs, un volume considérable, qu'il est impossible de considérer comme transmissible par hérédité. Il n'est pas toujours vrai non plus que l'excès d'activité des organes amène leur développement, puisque l'on voit les muscles moteurs s'atrophier, les médecins le savent, sous l'influence d'excès prolongés d'exercice.

Nous arrivons à la condition du transformisme

considérée par M. Darwin comme l'assise principale de son édifice : la sélection. Aussi lui a-t-il consacré des ouvrages volumineux, pour montrer le rôle immense qu'elle lui paraît avoir joué dans le règne animal[1].

M. Littré définit la sélection naturelle : « la prédominance que la nature accorde à une espèce, à une variété, grâce à une adaptation plus grande de ses caractères à ceux du milieu, au point de vue de la nutrition, de la conservation, de la reproduction, etc., avec disparition des espèces qui ne peuvent lutter[2]. »

On ne saisit pas bien, en lisant cette définition compliquée, la relation nécessaire qu'on dit exister entre cette vague prédominance accordée par la nature, et le transformisme qui se serait opéré dans l'ensemble des êtres vivants. Si l'on s'explique nettement les résultats de la sélection artificielle, dont les résultats se succèdent pour ainsi dire sous nos yeux dans les plantes et les animaux, il n'en est plus de même pour les effets attribués à la sélection dite naturelle, effets auxquels il aurait fallu des millions d'années pour s'effectuer[3]. Quels que soient les

---

[1] Ch. DARWIN : *L'origine des espèces au moyen de la sélection naturelle*, etc., 1 vol. — *La descendance de l'homme et la sélection sexuelle*, 2 vol. in-8°.

[2] *Dictionnaire de la langue française*, au mot : SÉLECTION.

[3] Avant M. Darwin, M. Naudin avait proposé la théorie de

exemples confirmatifs que l'on puisse produire, il n'en ressortira jamais que des conjectures, ce qui ne suffit pas pour formuler une loi scientifique. De plus, il ne faut pas perdre de vue les arguments contraires à la tendance au perfectionnement. De l'aveu d'un chaud partisan du transformisme, dans la sélection artificielle appliquée aux animaux par les éleveurs, « les types obtenus sont mal fixés et reviennent aisément au type primitif[1] », ce qui résulte évidemment d'une influence contraire au transformisme.

Dans cette même sélection artificielle sur les plantes et sur les animaux domestiques, n'oublions pas que les résultats obtenus sont dus à l'intervention intelligente de l'homme, intervention dirigeante absolument nécessaire par conséquent. Or, par quelle intervention la sélection naturelle de M. Darwin est-elle dirigée? Tous ses partisans mettent en avant le hasard, comme nous l'avons rappelé déjà. En dehors du hasard et des milieux favorables de Lamarck, — se rattachant aussi au hasard, — il n'y a dans la théorie rien qui fasse agir la sélection. N'est-il pas hors de raison d'attribuer au hasard une transformation séculairement suivie avec régularité et avec perfectionnement incessant, partant de quel-

la sélection naturelle; mais il ne la comprenait que jointe au principe de finalité, supposant une prévision suprême.

[1] Paul TOPINARD : ouvrage cité, p. 327.

ques éléments naturels pour se résoudre dans l'être humain vivant, le chef-d'œuvre de notre monde?

Pour masquer la pénurie absolue des preuves, M. Darwin a invoqué la *variabilité spontanée* et surtout la sélection sexuelle. Cette sélection consisterait dans la tendance consciente ou inconsciente des animaux de sexe différent à choisir pour s'accoupler ceux de leur espèce qui sont le plus parfaits. Cette tendance peut parfois exister, sans doute; mais elle est loin de constituer une loi générale. Aussi ne voit-on pas en quoi elle pourrait influer sur l'amélioration de l'espèce. Ce qui se passe dans l'espèce humaine nous montre l'inconsistance du principe de cette sélection sexuelle pour le perfectionnement de l'espèce. S'il était vrai que cette sélection améliorât les espèces, le perfectionnement humain, le plus élevé et le plus désirable de tous, devrait lui être soumis. Érigée en vérité sociale, la loi de sélection conduirait à légitimer l'usage suivi par certains peuples de mettre à mort tous les enfants difformes, c'est-à-dire mènerait à l'absurdité.

Lorsque les écarts de l'imagination ont un vernis de science sévère, s'ils sont consignés dans des ouvrages volumineux, et affirmés avec énergie, on les prend pour des vérités; les lecteurs suivent le courant, et ils greffent de nouvelles erreurs sur ces données primitives et erronées. Le tranformisme de

Darwin est dans ce cas. Il est une de ces hypothèses scientifiques qui « doivent être hautement condamnées, dit Auguste Comte, si l'on ne peut montrer qu'elles s'accordent avec les faits ». C'est ce qui explique, au point de vue du transformisme, les opinions variables des savants. Les uns sont spiritualistes et matérialistes à la fois ; les autres, plus absolus, ne veulent pas sortir de la matière et de ses forces, et prétendent sur cette base élever la conception entière de leur système. Nous venons de voir que rien ne justifie leur principe. Il nous reste maintenant à juger l'évolution du transformisme telle qu'ils la comprennent.

II

Nous venons de passer en revue les divers arguments qui servent d'appui à l'hypothèse de la transformation des espèces vivantes, et d'en signaler la fragilité et le peu de valeur. Si maintenant nous examinons par quels moyens aurait pu débuter, puis s'effectuer ce transformisme tel qu'on l'a compris, nous arriverons à compléter les preuves de son insuffisance.

Arrêtons-nous d'abord à la production des germes originels de cette prétendue transformation. Cette production des germes étant le point de départ de la théorie, il faut d'abord élucider cette question délicate ; car il serait par trop commode de l'enjamber, comme tant d'autres, et de rappeler simplement l'existence préalable des germes comme point de départ de la transformation des êtres vivants, sans s'occuper de l'origine de ces germes.

Parmi les adeptes du transformisme, il en est pourtant qui ont agi ainsi, en prenant les germes tout faits comme point de départ ; ils admettent qu'ils sont produits par génération spontanée, hypothèse dont M. Pasteur a si bien fait justice. Ils trouvent d'ailleurs très-simple le développement des premiers germes ; ils accordent aux forces naturelles une action primitive, prépondérante et décisive ; ces forces et la matière seraient les seuls facteurs. Cependant, il y a des transformistes, comme M. Büchner, qui pensent que les germes innombrables des êtres de notre monde ont pu d'abord tomber de l'espace sur la terre et y fructifier. Cela n'expliquerait d'abord pas où et comment se seraient produits ces germes en dehors de la terre ; et ensuite, leur chute seule les détruirait. Pour arriver à la terre, en effet, ils auraient dû traverser des espaces trop froids en dehors de notre atmosphère, et ils y auraient été détruits par la congélation [1] ; ou bien, au

---

[1] La température des espaces interplanétaires a été approximativement calculée par Pouillet ; elle serait de 142° au-dessous de 0 !

contraire, ils auraient été brûlés en traversant cette atmosphère, par suite du frottement résultant de leur migration en chute si rapide vers la terre.

En dehors de cette idée doublement erronée, ce qui a été inventé de plus spécieux comme explication de la production des germes, c'est la cellule dite *archétype*, qui serait le point de départ des corps successivement transformés. C'est encore une simple hypothèse basée sur le fait de la multiplication facile des cellules vivantes par leur segmentation. Mais cette invention n'a rien d'acceptable. Par la subdivision anatomique extrême de tous les corps vivants, on arrive bien en dernière analyse à la cellule, comme élément matériel ; mais cette constatation moderne n'explique aucunement l'origine de la série des êtres. Il faudrait avant tout nous dire comment s'est formée cette admirable et si féconde première cellule. Passer outre, c'est encore enjamber la question, qui est de première importance.

Hæckel, partisan du transformisme, et qui, sur ce point, s'est le plus abandonné à la dérive de son imagination, a cru résoudre la question en inventant une évolution complète du transformisme animal[1]. Aussi a-t-il procédé par des affirmations sans valeur.

---

[1] E. Hæckel : *Histoire de la création des êtres organisés d'après les lois naturelles*, trad. 1874. — L'auteur a tenté de s'appuyer sur l'anatomie comparée, la paléontologie et l'embryologie.

Selon lui, la transformation de tous les êtres vivants de notre monde, ou la généalogie de l'homme, aurait eu lieu en vingt-deux périodes. Au commencement, il y aurait eu rencontre fortuite, dans des conditions *qui ne se sont peut-être présentées qu'à cette époque*, de quelques éléments de carbone, d'oxygène, d'hydrogène et d'azote, d'où seraient résultés les premiers grumeaux albuminoïdes. A leurs dépens et par voie de *génération spontanée*, auraient surgi les premières cellules connues, les *monères*. Le singe de grande taille résulterait de vingt transformations; l'homme-singe inconnu, de la vingt et unième; et enfin, l'homme, de la vingt-deuxième. Cette transformation, en apparence si simple, aurait eu lieu par la seule influence des forces naturelles.

Les corps vivants animaux et même végétaux sont si différents de la matière brute, qu'on répugne d'instinct à admettre que cette matière brute soit devenue vivante par l'intervention aveugle des forces naturelles. Il y a eu des corps survenus à un moment donné, nouveaux alors par conséquent, puisque leur existence physico-chimique n'était pas possible de toute antiquité, alors que la matière terrestre, comme l'a établi la science géologique, était incandescente. Mais cette répugnance de l'esprit n'est pas, il faut l'avouer, une raison suffisante. Montrons que cette production des germes par l'action des forces dites naturelles est simplement impossible; non pas que nous ayons la prétention d'exclure absolument l'intervention des forces physico-chimiques dans la production des germes; nous voulons dire que ces forces ne peuvent suffire avec la matière pour l'expliquer.

Le germe se produit, dit-on, lorsque les forces physico-chimiques sont à même d'agir sur la matière dans des milieux favorables, et elles n'agissent que lorsque cette condition fondamentale se présente. Mais ce fameux milieu favorable, on admet qu'il se présente par l'intervention seule du hasard! On l'affirme sans aucune hésitation : « Le hasard intervient aussi bien pour détruire ce qui est commencé que pour le compléter. » Ce hasard au service des forces naturelles serait donc intervenu pour des milliers de germes différents? Jamais on ne fera admettre à des hommes de bon sens que des milliards d'infusoires, même après des milliards d'années et de transformations imprévues, aient pu être favorisés dans leur évolution par une succession d'influences fortuites aussi puissantes, ni que les résultats ainsi obtenus soient devenus stables. Ainsi la prétendue explication des matérialistes nous ferait tomber dans l'absurde; il nous faut donc chercher ailleurs l'origine des germes.

Une graine de végétal, comme tout autre germe, présente d'ailleurs une propriété fondamentale que n'a jamais pu lui donner une force physico-chimique quelconque : c'est la propriété complexe non-seulement de produire un végétal semblable à celui d'où elle provient, ce qui est déjà énorme, mais de se perpétuer par les nouvelles graines qu'il produit, et qui donneront naissance à d'autres végétaux semblables.

Cette apparition des végétaux qui vivent, meurent, mais se perpétuent et se reproduisent par graine, ne peut pas être directement expliquée par la science d'observation des forces naturelles agissant sur la matière. L'intelligence humaine peut bien étudier jusqu'à un certain point le développement et les attributs de ces corps vivants; admettons même que la science humaine progresse plus loin qu'elle ne l'a fait encore dans l'étude des phénomènes physico-chimiques des êtres organisés, tout ne serait pas dit encore. Cet enchaînement de phénomènes vivants si variés, si compliqués dans leurs manifestations, si simples dans leur cause apparente, cette succession non interrompue de causes et d'effets, qui n'ont pas toujours existé, échapperont à l'explication de la science dite positive, comme nous le montrerons dans le chapitre suivant.

Impuissante pour donner raison de la formation des premiers germes, la science l'est également pour expliquer le prétendu perfectionnement progressif des êtres par l'action des forces naturelles. Si cette intervention seule suffisait, on se trouverait en face de ce fait bien extraordinaire : on verrait des forces naturelles dites immanentes au nom de cette science, et qui néanmoins dévieraient d'elles-mêmes, d'un être à un autre plus perfectionné, de leur travail aveugle et inconscient habituel. Or, il est indéniable que l'intervention des forces physico-chimiques, toutes les fois qu'elle a lieu, est tellement régulière et invariable, que l'homme très-souvent en prévoit et en provoque les effets. On pourrait bien concevoir que ces forces agissent avec une énergie de plus en plus grande, toujours de la même façon ; mais on ne saurait admettre avec les matérialistes que le travail de ces forces sur la matière soit de plus en plus compliqué et de plus en plus parfait dans ses résultats. Imaginez que cette transformation se soit opérée sans interruption pendant des milliers de siècles, et vous ne serez pas plus avancés. Considérez donc que rien ne se serait opposé à ce travail, tant il aurait été bien coordonné ; c'est inadmissible ! J'ajoute qu'il serait tout aussi impossible de comprendre qu'après avoir opéré cette prétendue transformation des espèces, les forces naturelles se fussent arrêtées dans leur évolution, puisque de nos jours on n'en voit plus de traces. Enfin, en considérant le plus petit organe d'un insecte, l'esprit le plus complaisant, mais de bonne foi, se refusera nécessairement à regarder comme possible, ainsi qu'on l'a fait observer, la production spontanée de ce petit organe, avec les milliards de combinaisons nécessaires à la matière et à ses forces réduites à elles-mêmes. Ce serait une suite incommensurable de vraies merveilles que l'on ne pourrait attribuer au hasard !

Aussi le matérialisme, mis en face du transformisme, se trouve nécessairement dans la triste alternative ou de renoncer à l'immanence de la matière et de ses forces, ou de rejeter le transformisme lui-même. Car si les forces dites immanentes ont pu varier de fond en comble leurs effets, elles ne seraient plus immanentes ; et, en outre, si l'on admet cette immanence, on ne peut plus croire que le transformisme soit possible. On ne saurait échapper à ce dilemme.

On voit que, dans l'évolution du prétendu transformisme, à partir des germes, le raisonnement dévie dès la première déduction, quand il veut aborder l'explication de la transformation des êtres. Il n'en sera pas autrement toutes les fois que l'on prétendra expliquer par l'action exclusive des forces aveugles de la nature l'origine de la vie sur la terre.

Pour combattre cette explication, et par conséquent la réalité de la transformation des êtres, il aurait pu suffire à notre dessein de citer les travaux d'un savant américain, dont on ne se refusera pas à reconnaître la compétence, L. Agassiz[1], qui a constaté, dans ses recherches zoologiques, paléontologiques et géologiques, la preuve la plus probante de la création originelle des espèces animales, et par conséquent l'impossibilité de leur transformation successive.

On sait que la multitude immense de ces êtres vivants se range sous plusieurs types fondamentaux de plus en plus compliqués, et qui sont au nombre de quatre : le type des *rayonnés*, celui des *mollusques*, les *articulés* et les *vertébrés*. L. Agassiz fait remarquer que dans toutes les couches géologiques contenant des débris d'êtres vivants, dans les couches les plus anciennes comme les plus récentes, on retrouve simultanément ces quatre types d'animaux. De plus, on ne constate aucune cause de métamorphose dans les couches sédimentaires placées immédiatement au-dessous de la plus ancienne couche qui contient des débris d'animaux. Il en conclut avec raison, tout en admettant des créations successives, que les quatre types fondamentaux du règne animal, tel qu'il est, ont apparu simultanément dès la première origine de la vie sur la terre. Il rejette par conséquent comme une hypothèse

---

[1] L. AGASSIZ : *De l'espèce et de la classification en zoologie*, traduction française de M. VOGELI, 1869.

inadmissible la théorie du transformisme, auquel il a porté un si terrible coup. Ce coup suffit au renversement de l'échafaudage du darwinisme. Et de plus, sans qu'on puisse accuser à beaucoup près le savant américain de faire intervenir la foi ou le sentiment, il établit que ces organismes, apparus partout et toujours avec leurs ressemblances fondamentales et leurs différences spécifiques et stables, ne peuvent s'expliquer par l'action seule des causes physiques, et révèlent évidemment l'intervention d'une volonté aussi sage que puissante dans l'unité et la variété du développement de la vie sur la terre. Il répudie également le matérialisme comme une fausse hypothèse [1].

Les adeptes du transformisme se gardent bien de parler de cette intervention créatrice; cependant, il arrive parfois que la vérité échappe aux fauteurs d'hypothèses ou de doctrines erronées, sans qu'ils se doutent du grave préjudice qu'ils portent à leur œuvre. C'est ainsi que M. Darwin, publiant en 1859 la première édition de son livre [2], y avait admis l'existence d'un type primitif qui avait reçu la vie

---

[1] Sir Ch. Lyell, qui peut être considéré comme un des plus savants anthropologistes de notre époque, considère aussi la théorie de Lamarck — le transformisme — comme étant tout à fait en désaccord avec toutes les expériences et les observations modernes. (*L'ancienneté de l'homme prouvée par la géologie.* Traduit par M. Chaper.)

[2] *The origin of species by natural selection.*

du créateur, pour être le point de départ de toutes les séries ultérieures de générations et de perfectionnements. Frappé de cette imprudence, M. Bronn, traducteur allemand et partisan de cette œuvre, lui fit vivement remarquer que cette proposition prise au sérieux détruisait tout l'effet de son travail, l'intervention d'un créateur qui aurait produit un type primitif ayant pu produire aussi tous les types spécifiques, ce qui rendait inutiles toutes les hypothèses imaginées par M. Darwin. Il en résulta que, dès la seconde édition anglaise, la phrase malencontreuse disparut. Quoi donc penser de la solidité des convictions apparentes de M. Darwin? Ne vous semble-t-il pas qu'il eût été dans le vrai en supprimant sa théorie plutôt que cette phrase, si compromettante pour son œuvre? Il n'est pas rare de voir les auteurs bâtissant sur l'hypothèse laisser échapper malgré eux la vérité, comme nous l'avons vu à propos de la cause première [1]. Ici encore on parle d'une force d'organisation ingénieuse, ne pouvant se rapporter qu'à Dieu. « Sa pensée intime — celle du naturaliste — c'est qu'il y a succession et gradation entre les divers types d'animaux, comme si quelque force d'organisation s'était *ingéniée* à ajouter, modifier et compliquer sans cesse pour porter le nombre et la variété des espèces à l'infini [2]. »

---

[1] Chapitre III, p. 110.
[2] Paul Topinard : ouvrage cité, p. 19.

En définitive on ne saurait voir, dans la théorie du transformisme des êtres, qu'une hypothèse dénuée de preuves. Sans donc insister davantage sur la théorie transformiste, ce produit de l'imagination scientifique, et en restant dans la logique des faits incontestables et des vérités réellement acquises à la science, voyons comment on peut arriver à simplifier le problème de l'apparition des germes vivants et de l'homme sur la terre, sans avoir recours à de décevantes hypothèses [1].

III

Nous venons de voir qu'il est impossible que l'apparition sur la terre des différents animaux, comme des végétaux les plus variés, ait eu lieu par le fait d'une transformation spontanée, graduelle et progressive. Nous avons dû en conclure, en nous

---

[1] On ne trouve dans la nature, en fait de transformations sérieuses, que les métamorphoses subies par certains insectes ou par des infusoires. Et chose remarquable! ces transmutations constituent souvent des différences supérieures, pour le même être, la chenille et le papillon, par exemple, à celles de certaines espèces génériques. Ces métamorphoses se succèdent avec une fixité répétée, sans altérer en rien la persistance de l'espèce. Elles n'ont donc aucun rapport avec les prétendues transformations du darwinisme.

appuyant sur la logique et l'observation, que les uns et les autres sont apparus isolément dans leur état actuel, sans éprouver de modification fondamentale et spontanée dans leur organisation.

Nous ne devons pas nous dissimuler que, parmi nos adversaires, il en est qui refuseront de nous suivre sur ce terrain, où nous nous appuyons sur l'impossibilité du transformisme comme origine des êtres. Imbus d'un matérialisme préconçu et intransigeant, ils restent ce qu'ils sont, avant, pendant et après l'exposé qui leur est fait des arguments les plus péremptoires et les plus décisifs. Nous poursuivrons l'enchainement de nos raisonnements et de nos preuves, pour établir la véritable origine de l'homme, pour ceux que notre critique du darwinisme aura convaincus ou seulement ébranlés.

Pour arriver à déterminer quelle a été l'origine de l'homme, cherchons d'abord à établir l'origine des êtres les plus simples, et, en présence de l'admirable et si prodigieuse variété des êtres de la vie végétale et animale, prenons pour objet de notre investigation l'origine d'un simple végétal bien déterminé.

Le premier végétal fixé au sol terrestre pour s'épanouir dans l'atmosphère et y produire des graines qui seront l'origine de végétaux identiques avec lui-même, est venu ou non d'une première graine.

Nous nous demandons d'abord s'il est venu d'une

graine. Mais, s'il était le premier des végétaux de son espèce, il n'y avait pas naturellement de graine antérieure semblable; car, jusque-là, nul végétal identique n'avait existé. Le germe n'en pouvait pas provenir du dehors de l'atmosphère, comme nous l'avons montré; et d'ailleurs, la terre, avant d'être refroidie et humectée, n'aurait pu les faire développer. Pour admettre cette première semence comme cause nécessaire du premier végétal de son espèce, il faut donc reconnaître que cette semence a pu se produire indépendamment des lois qui régissent maintenant sous nos yeux le développement admirable des semences innombrables de cette même plante.

Confiné absolument dans cette nécessité qui lui est imposée par la logique, d'admettre la formation de cette première semence en dehors des lois de la germination telle que nous la connaissons, le matérialiste veut se satisfaire en disant que cette semence résulte d'une série de transformations naturelles. Que l'on admette ces transformations, peu importe lesquelles, il faut choisir entre les deux modes d'évolution suivants: la transmutation a été spontanée, ou elle a été dirigée. Nos adversaires admettent avec empressement qu'il y a eu évolution matérielle spontanée. La terre s'étant refroidie, nous disent-ils, la vapeur d'eau qui l'entourait se serait condensée à sa surface, et cette eau y aurait rapproché, réuni, les éléments nécessaires ; puis, par une succession de changements chimico-physiques, un végétal, imparfait d'abord, aurait pu naître, puis se perfectionner au point où nous le voyons aujourd'hui.

Il n'est pas permis de concéder à cette explication insuffisante la vraisemblance, ni même la probabilité. L'invraisemblance résulte de l'impuissance du hasard, même à très-long terme, dont nous avons parlé précédemment à propos du transformisme des êtres, en montrant le hasard incapable de faire jamais de merveille ; et la plus simple des semences, comme le plus petit organe d'un insecte, en est une incontestable. N'est-il pas bien extraordinaire, en effet, qu'un tout petit corps implanté dans le sol puisse être le centre du développement d'un arbre magnifique, dont les expansions produisent des graines qui reproduisent elles-mêmes des arbres semblables ?

De plus, la confection de la première graine par transformation échelonnée est non-seulement invraisemblable, mais encore impossible. Cette impossibilité se déduit d'abord de ce fait, que nous ne voyons plus de transformations de ce genre, — nous parlons de transformation spontanée, et que nul savant, malgré la profondeur attentive de ses recherches, n'a révélé, depuis que la science existe, un seul fait de transformation physico-chimique de matière se résolvant dans la production de la semence végétale la plus simple. L'impossibilité résulte en outre de la condition essentielle dans laquelle vit chaque végétal : il se reproduit en fournissant des semences qui, toutes ou à peu près toutes, ne l'oubliez pas, peuvent reproduire un végétal semblable. Or, jamais la matière soumise à des lois physico-chimiques n'a produit un corps quelconque qui ait pu par lui-même, comme la semence, en reproduire d'autres en germe, et cela avec un ordre parfait et dans une succession non interrompue.

Voilà donc que la transformation naturelle des éléments matériels, soumis à des forces physico-chimiques, n'a pu produire spontanément une première semence végétale, origine de toutes les semences similaires. Il y a eu cependant, à n'en pas douter, un premier travail qui a utilisé la matière et ses forces pour en faire une graine, et qui est la vraie transformation acceptable de la matière. Or ce travail primitif essentiel a été de toute nécessité ou spontané ou dirigé. Ne pouvant être spontané, ainsi que nous venons de le voir, ce travail a été nécessairement dirigé.

C'est ici le point culminant de cette intéressante question. On ne perdra pas de vue ce fait fondamental, à savoir : que toute direction nécessite une intervention *intelligente;* on est dès lors obligé de l'admettre. Et quelle intelligence n'a-t-il pas fallu pour utiliser la matière et les forces physico-chimiques afin de les amener à produire une première semence végétale! Cette intelligence était-elle l'intelligence humaine? Non, car l'homme ne pouvait exister à cette primitive époque. Il lui fallait pour exister, outre la température nécessaire à la végétation, le développement incessant de cette végétation elle-même destinée à entretenir et renouveler l'air respirable indispensable à l'homme. Eût-elle été agissante alors, l'intelligence humaine eût été d'ailleurs aussi impuissante qu'aujourd'hui pour produire cette première semence, et surtout, — veuillez noter ce point essentiel, — pour lui donner la faculté de reproduction indéfinie qu'elle devait présenter dans la longueur des siècles. On reconnaîtra sans hésiter qu'un tel acte n'est possible qu'à une puissance supérieure à celle de l'homme.

Nous voilà donc forcément amenés, dans le travail naturel qui aurait produit avec la matière la semence végétale première, à admettre l'intervention directrice d'une puissante intelligence, d'une intelligence supérieure à celle de l'homme; puissance suprême, puisqu'elle commanderait nécessairement aux forces physico-chimiques, toute-puissante par conséquent sur la matière et sur ces forces dites naturelles.

Cette puissance suprême a-t-elle un pouvoir dont nous puissions marquer les limites? Non, évidemment. Comment dès lors se refuserait-on à admettre que Dieu a créé cette première semence, et même que nécessairement elle a été créée par lui? Cette conclusion qui s'impose, remarquez-le bien, reçoit une éclatante confirmation dans cette perpétuité régulière de la végétation de chaque plante, dans la variété admirable des végétaux, dont la dispersion sur le globe a été faite avec une profusion extrême, et enfin dans la dissemblance extraordinaire que présentent entre eux les végétaux de chaque espèce, les arbres de chaque essence, qui se ressemblent tous dans l'ensemble et qui diffèrent tous l'un de l'autre dans le même détail. Entre les végétaux de la même espèce, pas un tronc, pas une branche, pas une feuille ne ressemblent absolument à un autre tronc, à une autre branche, à une autre feuille, tout en étant reconnaissables à première vue. Cette diversité considérable dans l'unité de chaque espèce constitue bien une preuve que son auteur intelligent a voulu de même la diversité dans l'ensemble des espèces végétales et animales, tel que nous l'avons sous les yeux.

Nous avons dit, à propos de la cause première, que l'on ne saurait s'abstenir d'y aboutir lorsque, dans certaines questions scientifiques, on veut avoir la vraie solution de l'origine des choses. Nous venons de voir qu'on ne saurait y échapper, *sans abandonner pour cela l'investigation la plus minutieuse et la plus précise de la matière.* Nous insistons sur ce point, car le contraire est journellement soutenu sans raison.

Voilà, nous semble-t-il, le secret bien simple de cette apparition variée des végétaux sur la terre, apparition qui a été le résultat primitif d'une création généralisée, telle que nous la voyons, par la puissance et l'intelligence suprême de l'univers. Elle a eu lieu dans un temps qu'il nous est impossible de déterminer scientifiquement, mais elle se maintient effectuée depuis son commencement, comme le montre la logique basée sur les faits scientifiques, contrairement aux hypothèses transformistes de plusieurs savants.

Cette question si intéressante des végétaux apparus sur la terre me paraissant résolue pour tout homme qui ouvre librement son intelligence à la raison, voyons quelle a pu être l'origine de l'animal ou des animaux.

Ici le problème est plus complexe. La plante n'existe qu'à la condition d'être fixée au sol, dont elle est matériellement l'expansion, et de s'épanouir dans l'air, à la lumière venant du soleil. Le caractère propre de l'animalité, au contraire, est de vivre, de se développer sans être fixé à la terre, et de se mouvoir sur cette terre d'un lieu à un autre. Cependant, au point de vue de leur origine, la plante et l'animal sont des solutions d'un même problème.

Toutes les théories les confondent à ce point de vue.

Si nous considérons un de ces animaux qui naît, vit, se reproduit et meurt, la question de son origine soulève en effet, au premier abord, les mêmes difficultés de formation première que celle de la plante ; seulement ces difficultés sont ici, je le répète, infiniment plus grandes, puisque l'organisation animale est établie de façon à isoler le sujet du sol et à le mettre à même de vivre sans puiser directement les matériaux nécessaires à son développement et à son entretien dans un point de la terre dont il est parfaitement libre.

Ce que nous avons dit de l'impuissance absolue de la spontanéité de la matière et de ses forces pour produire le plus humble des végétaux pourrait être rappelé ici à propos de l'apparition des animaux sur la terre, dans l'air, dans la profondeur des eaux. La même remarque d'impuissance de la spontanéité est parfaitement applicable à l'homme, l'être vivant le plus parfait de notre monde terrestre. Qu'il doive ou non son apparition sur la terre à une transformation séculaire d'animaux inférieurs à lui, il est clair que l'étude de cette apparition de l'homme devrait comprendre les mêmes considérations que nous aurions à invoquer pour établir l'apparition d'un premier animal quelconque, comme nous l'avons fait pour un premier végétal. Aussi, pour éviter d'inutiles redites, passons-nous d'emblée à la question capitale de l'apparition de l'homme sur la terre, en n'insistant que sur les données scientifiques et logiques les plus significatives pour arriver à formuler la vérité.

M. de Quatrefages, dans un remarquable ouvrage [1], a parfaitement établi que les modes de génération en apparence si variés des êtres vivants présentent une unité des plus remarquables à leur point de départ : un œuf, qui renferme le germe primaire de toutes les générations qui découlent de lui [2]. Médiatement ou immédiatement, tout animal remonte nécessairement à un père et à une mère, et les appareils mâle et femelle se retrouvent dans tous les êtres vivants sans exception, en descendant jusqu'aux animaux les plus inférieurs et même dans tous les végétaux. C'est certainement une des plus importantes découvertes modernes. On considérait précédemment la plupart des animaux inférieurs comme pouvant se développer par génération spontanée, dont les modes très-variés ne pouvaient, disait-on, s'expliquer que par cette origine. On

[1] *Les Métamorphoses de l'homme et des animaux.*

[2] Dans le langage vulgaire, on comprend par le mot œuf un corps arrondi, plus ou moins volumineux, qui renferme le germe d'un animal, avec des liquides qui doivent le nourrir pendant un certain temps. Pour le physiologiste, le nom d'œuf se donne à tout rudiment analogue d'un nouvel être organisé qui donne naissance au produit de la génération.

admettait trois modes principaux bien distincts de reproduction des êtres vivants : 1° la reproduction sexuelle ; 2° la gemmiparité, ou reproduction par bourgeons ; 3° la fissiparité, ou développement par boutures, par division ou par scission [1].

Les travaux des zoologistes contemporains, Ehrenberg, Bonnet, Siebold, Sieberkühn, Van Beneden, Balbiani, et surtout les travaux de M. de Quatrefages, ont établi que les bourgeons sont simplement des germes secondaires. « La reproduction par bourgeons n'intervient plus que comme accessoire : c'est une fonction subordonnée [2]. » Et il en est de même de la reproduction par fissiparité. Aucun mode de reproduction, en un mot, n'échappe à l'origine supérieure uniforme : la génération sexuelle, et l'œuf comme premier produit. C'est la condamnation de la génération spontanée que nous avons déjà combattue, et sur laquelle nous aurons encore à revenir dans le chapitre suivant.

L'évolution matérielle de l'homme présentant certaines analogies avec celle des animaux supérieurs, il n'y a rien de surprenant à ce que la science, en constatant les premiers phénomènes de

---

[1] Il y a en outre des nuances intermédiaires dans ces divisions : sexes réunis sur le même être ou séparés ; bourgeonnement interne ou externe, fissiparité spontanée ou artificielle lorsqu'on divise les êtres en fragments pouvant vivre séparément, et d'autres variétés encore.

[2] DE QUATREFAGES : ouvrage cité, chap. XIX.

l'évolution de l'œuf humain, lui ait reconnu des caractères extérieurs d'organisation semblables à celui de l'œuf animal. Remarquons toutefois que cette ressemblance n'est qu'apparente. Sans insister sur des détails techniques, peu nécessaires d'ailleurs à rappeler, je ferai observer qu'il y a dans l'œuf une abstraction inconnue et bien extraordinaire, bien étrangère au hasard, et qui fait que là se produit un poisson, parce que l'œuf provient d'un poisson exactement semblable; là un animal plus élevé d'organisation, mais toujours semblable à celui qui a fourni l'œuf dont il provient, et là un homme, sans que la science puisse avoir la prétention de l'expliquer, par les seules forces physico-chimiques.

Il a fallu que le premier germe de l'œuf humain subisse une influence bien puissante, bien supérieure à l'influence de l'homme, pour que ce germe devienne un homme. C'est bien plus compliqué que pour le germe du premier végétal dont nous avons parlé; car il est impossible de comprendre qu'un ovule humain ait pu, de même d'ailleurs que la plupart des ovules animaux, se développer en puisant directement *dans la nature* les matériaux nécessaires. Aussi le premier germe humain n'a-t-il pu, comme celui de la plante, être abandonné aux influences terrestres, pour que l'homme ait paru sur la terre.

Que voyons-nous aujourd'hui, en effet? Chaque créature humaine, au début de sa procréation, est dans un milieu parfaitement clos, dans un milieu déjà vivant, ayant une température fixe et bien déterminée [1], dans une sorte d'atmosphère nutritive sans laquelle cette créature ne pourrait pas continuer à se développer. A l'état d'ovule, puis de fœtus, elle est dans ce milieu vivant qui suppose forcément, absolument, la préexistence d'un être humain semblable. Ce n'est donc pas à ces degrés de développement, ovule ou fœtus, que le premier homme est apparu, puisqu'il faut que, dans ce double état, il soit l'expansion, le produit de cet être humain déjà existant. Bien plus, il faut qu'il soit niché dans l'intérieur même de cet être, qui est d'abord son milieu vivant nécessaire, avant de pouvoir vivre ensuite de la vie commune et comme être indépendant. Ce sont là des faits d'observation simple, journalière et, par conséquent, hors de toute contestation possible. Ce qui suit n'est pas moins incontestable.

Devenu être indépendant ou sans attache matérielle avec un autre être, c'est-à-dire placé dans l'atmosphère comme milieu immédiat pour y respirer, comme tous les autres humains, à l'état

---

[1] Cette température oscille entre un très-petit nombre de degrés qu'elle ne peut dépasser en plus ou en moins, sans que la vie cesse d'être possible.

d'enfant nouveau-né, en un mot, l'être humain est inondé par l'air respirable, qui lui arrive spontanément. Mais il n'en est plus de même des autres aliments du corps. Il ne peut les rechercher lui-même dans l'état d'impuissance organique où il se trouve. Il lui faut tout d'abord du lait, qui est pour lui l'aliment par excellence, l'aliment indispensable. Il lui faut donc une mère nourrice de son espèce, connaissant ses besoins, lui donnant cet aliment indispensable, et le garantissant contre toute influence nuisible extérieure : du froid et des accidents principalement. Imaginez la fable d'une louve, d'une chèvre, nourrissant un nouveau-né, et vous ne sauriez concevoir ce nouveau-né pouvant vivre et devenir un homme ; car avant qu'il y puisse arriver, il sera fatalement la victime de l'abandon, de la maladie ou de la voracité des bêtes.

L'être humain à l'état naissant, tel que nous le connaissons, ne peut donc, pas plus qu'à l'état d'ovule et de fœtus, avoir été le premier homme, car il aurait dû nécessairement, pour vivre, avoir été élevé par un ascendant.

La conclusion qui se présente naturellement, c'est que ni le germe humain, ni le fœtus, ni l'enfant du premier âge, n'ont pu servir de souche aux générations humaines. Et comme il nous est également démontré que l'hypothèse du transformisme des animaux, pour expliquer l'origine du premier homme, est une fausse hypothèse, nous arrivons à cette conclusion définitive, qui s'impose avec toute l'évidence résultant du simple exercice de la raison, à savoir : Il faut admettre l'existence d'un premier homme et d'une première femme pouvant se suffire à eux-mêmes, c'est-à-dire d'un premier homme et d'une première femme ayant les premiers procréé et élevé les premiers enfants devenus hommes. On n'en saurait donc douter : Adam et Ève sont venus.

Il nous paraît impossible, après l'enchaînement de preuves que nous venons de réunir, que l'on ait le droit de dire : « Nous n'en savons rien », puisque nous sommes forcés de croire qu'il n'en peut être autrement. Pour nier cette nécessité où l'on se trouve, il faudrait admettre que la raison, la logique, n'existent pas. Aussi des autorités scientifiques, plus nombreuses que l'on ne pourrait le croire, ont-elles admis un premier homme comme souche de l'humanité, sans faire intervenir des données étrangères à la science.

Sir Ch. Lyell[1] a conclu de ses études consciencieuses à l'issue d'un seul couple de toutes les principales variétés de la famille humaine, et il affirme qu'on n'a encore fait aucune objection sérieuse à cette doctrine. Le professeur Sedgwick voit dans les anciens dépôts de la croûte terrestre, comme Sir

---

[1] *L'Ancienneté de l'homme prouvée par la géologie.*

Lyell, la trace d'une progression spécifique des espèces jusqu'à l'homme, comme type le plus élevé de l'organisation animale, et il y trouve l'indice de l'action graduelle de la puissance créatrice procédant par des additions à la création, les mammifères étant les derniers, « et la nature devint enfin ce qu'elle est à présent par l'addition de l'homme ». Hugh Miller indique, comme « empreintes des pas du Créateur [1] », la succession chronologique des vertébrés, à laquelle est conforme l'ordre naturel des quatre grandes classes de vertébrés adopté par Cuvier d'après leurs rapports mutuels. MM. Agassiz, Owen — dans sa *Paléontologie,* — et le professeur Bronn, de Heidelberg, ont émis une opinion semblable; enfin, Ad. Brongniart a reconnu dans les végétaux fossiles le même progrès sans transformisme.

De semblables autorités font trouver bien étranges les assertions des auteurs prétendant que les découvertes modernes doivent faire abandonner l'idée de la création des espèces. Pour ne pas croire à cette création, on se rejette sur l'impossibilité de l'expliquer scientifiquement et de l'attribuer surtout à l'abstraction divine. Il est facile de répondre qu'il ne s'agit pas de comprendre le comment de cette création, mais d'en concevoir la réalité. Et quant à

---

[1] C'est le titre d'un ouvrage anglais que cet auteur a publié.

l'impossibilité de concevoir un corps humain, considéré même comme une machine matérielle ou simplement végétative, qui serait créé par une puissance constituant une abstraction, cette objection n'est pas aussi solide qu'elle le paraît au premier abord. Les exemples abondent de créations de ce genre dues à l'intelligence humaine, agissant hors du corps de l'homme sur la matière et sur les forces de la nature, créations qui se passent journellement sous nos yeux.

Un architecte conçoit un monument, et il le fait construire : sa pensée s'est faite monument; elle s'est matérialisée dans ce monument. Un statuaire imagine une statue et la confectionne en pétrissant de la terre : voilà encore une simple pensée qui s'est matérialisée sans cesser d'être une pensée. Allons plus loin encore. Ces œuvres créées par l'homme sont immobiles; mais Watt imagine la locomotive qu'il fait marcher et agir pour la traction, comme peuvent le faire les êtres vivants qui se portent d'un lieu à un autre. Ici encore c'est une pensée matérialisée et donnant le mouvement, une sorte de vie par conséquent à la matière. Comment se refuser dès lors à reconnaître que la volonté et la pensée de Dieu se soient matérialisées dans un premier homme, comme la pensée-monument de l'architecte s'est matérialisée avec la pierre travaillée par les forces qui sont à la disposition de l'homme?

Les pierres du monument de l'architecte, comme la terre ou le marbre du statuaire, comme les rouages de la locomotive, sont à la fois matière et pensée, intelligence humaine exprimée à l'aide de la matière; de même l'homme vivant ne peut être sur la terre que l'expression de la pensée et de la puissance divines.

Vous avez reconnu vous-même que le corps humain vivant n'est matériellement qu'un composé d'oxygène, d'hydrogène, de carbone, d'azote et de quelques autres infimes éléments minéraux. Y a-t-il donc une si grande étrangeté à conclure, en présence de cette inconcevable simplicité matérielle, paraissant merveilleuse quand pour la première fois on apprend sa réalité en étudiant la chimie, que dans l'organisation définitive si admirable du corps humain, il y a certainement l'expression de la pensée de Dieu? Il existe seulement entre ce monument de Dieu et le monument conçu et exécuté par l'homme l'énorme différence qu'il y a entre l'intelligence, la puissance divines, et l'intelligence et la puissance humaines.

Jamais l'intelligence de l'homme n'a pu créer une machine ou une œuvre quelconque qui ait eu la faculté de grandir et de se perfectionner par elle-même, ni surtout de produire, par elle-même encore, des œuvres ou des machines semblables à elles. Il n'y a que la puissance divine qui, en disant aux êtres vivants : *Crescite et multiplicamini*, leur en ait donné le pouvoir; et dans quelle féconde mesure !

IV

Nous croyons avoir démontré, au nom de la science, la nécessité de l'existence de Dieu et de la création par lui du premier couple humain qui a été la souche des générations innombrables constituant l'humanité entière. Nous n'avons pas à revenir sur ces grandes vérités ; mais nous ne pouvons nous dispenser d'aborder deux questions traitées par la science moderne, et qui se rattachent aux précédentes : celles de l'ancienneté de l'homme primitif et de son état physique et intellectuel.

Il est impossible, et il le sera toujours à la science, de déterminer l'époque de l'apparition de l'homme d'une manière précise. On a démontré depuis assez longtemps que les jours de la création selon la Bible n'indiquaient que des périodes de temps indéterminées[1]. Il n'y a donc pas incompatibilité absolue entre ces indications et celles de

[1] Si le mot jour a été employé, c'était évidemment pour donner un sens intelligible au vulgaire sur la création progressive de la terre, des végétaux, des animaux et de l'homme, succession dont la justesse a été démontrée par la science. Il

la science anthropologique moderne relatives à l'homme. Sans nier l'importance des découvertes multipliées qui ont été faites, tant dans le nouveau que dans l'ancien monde, je dois rappeler combien « l'extrême imperfection des résultats de nos recherches géologiques », rappelée par Sir Charles Lyell, est flagrante dans toutes les questions se rattachant à l'ancienneté de l'homme[1]. Sans cette remarque préliminaire, on ne pourrait pas comprendre les nombreuses contradictions qu'a soulevées la question de l'homme préhistorique depuis une quarantaine d'années.

Dans les terrains profonds de l'écorce terrestre plus ou moins modifiés par les révolutions du globe, on a trouvé en maints pays de l'ancien et du nouveau continent des traces irrécusables de l'existence de l'homme préhistorique. Ce sont principalement des silex travaillés en armes de défense ou d'attaque, des haches, des pointes de flèches, des pierres de fronde, etc. Ces preuves certaines de l'industrie primitive de l'homme ont dû être rapportées à la plus haute antiquité.

Il y a eu, dans les temps primitifs, des races

---

est évident que ce mot représente une époque et non une journée. La durée du jour est d'ailleurs différente pour chaque planète, et si les jours existent pour nous, ils n'existent pas pour le Créateur.

[1] Ouvrage cité, p. 131.

d'animaux gigantesques aujourd'hui éteintes, et en l'absence de tout document précis, on admettait que l'homme était apparu à une époque ultérieure. Mais les nombreux silex travaillés dont nous venons de parler ayant été découverts fréquemment dans des couches de terrain et dans des localités diverses avec des restes osseux du mammouth et d'autres animaux disparus comme ce dernier, on a eu ainsi la preuve que l'homme a été le contemporain de ces grands quadrupèdes, dont quelques-uns, suivant Lyell, auraient vécu à une époque beaucoup plus voisine de la nôtre qu'on ne le croit généralement. Les géologues attribuent d'ailleurs un nombre très-considérable de siècles à cette longue période, dénommée l'âge de pierre, qui aurait précédé à très-long terme les âges de bronze et de fer relativement modernes et historiques [1].

Cet âge de pierre si longuement séculaire avait paru d'abord pouvoir se diviser en deux périodes successives : la première dite de la *pierre taillée*, et la

---

[1] Les anthropologistes ont cru devoir assigner à la période préhistorique une durée incommensurable de siècles, et ils ont cru en trouver la preuve en comparant le temps nécessaire à la formation des couches géologiques, au temps nécessaire à la formation des couches d'alluvion superposées à l'embouchure des grands fleuves, au niveau des deltas séculaires qui s'y trouvent. Mais il nous faut rappeler qu'à propos du temps représenté par ces dernières formations, les plus grandes divergences existent, et entre autres causes d'erreur, on a celle de l'accroissement rapide des deltas par la fonte de masses

seconde, de la *pierre polie*, par les anthropologistes. A cette dernière division chronologique on rapportait la fabrication d'objets plus délicats avec des os et des bois de renne, et la manifestation artistique de tracés grossiers de figures d'animaux.

Cette division, en apparence conforme au progrès industriel humain, était prématurée. Une simple découverte faite en 1875 par MM. Lartet et Chaplain-Duparc au village de Sordes a prouvé, comme l'a montré M. de Quatrefages à l'Institut, que cette distinction des deux âges de pierre était erronée. A Sordes, en effet, la même race a pu confectionner des armes et des outils grossiers ou perfectionnés avec un certain art [1]. Il suffit d'un fait de ce genre pour mettre hors de doute l'impossibilité de se baser sur l'outillage de l'homme préhistorique, pour établir une bonne classification chronologique des gisements préhistoriques.

Les premiers restes attribués à des squelettes humains ayant résisté à l'influence destructive des siècles

énormes de glaces à la fin de la période glaciaire, dont le nord de l'Europe a fourni aux géologues les preuves irrécusables, mais dont la date et la durée sont encore mal déterminées. Le docteur Pfaff, selon M. Th. H. Martin (*les Sciences et la philosophie*, p. 304), aurait démontré la fausseté des calculs récents sur l'antiquité de l'homme.

[1] Pour les anthropologistes, c'était une sorte de dogme que les objets ayant ces deux caractères de l'âge de pierre dénotaient des populations séparées par des milliers d'années, certains disaient par des millions d'années!

ne sont pas, de leur côté, des preuves suffisantes pour caractériser l'état physique et intellectuel de l'homme fossile. Les découvertes de crânes humains, que je crois inutile d'énumérer, ont été d'ailleurs en nombre par trop restreint pour se prêter à une généralisation, et elles ont donné lieu aux interprétations les plus diverses. Cependant, on n'en a pas moins conclu que l'homme était d'abord dans un état de dégradation, démontrée par les crânes les plus anciens, et que cette dégradation bestiale se serait améliorée graduellement dans la suite des siècles, d'une race à une autre[1].

On a d'abord formulé par anticipation la doctrine suivante : l'homme ayant été primitivement sauvage *devait* avoir alors un crâne de petites dimensions, et ce crâne se sera accru graduellement dans la suite des siècles avec le développement de l'intelligence humaine. On a voulu justifier cette manière de voir en cherchant dans l'examen des restes squelettiques humains des preuves à l'appui, au lieu de partir de cet examen pour con-

---

[1] Pour L. Agassiz, certains ossements trouvés avec des ustensiles de silex dans les mêmes couches que les ossements du mammouth et de l'ours des cavernes, ont appartenu à des *bimanes*, dont le squelette pourrait ressembler à celui de l'homme, mais qui différaient de l'homme actuel et de toutes ses races, dont ils ne seraient pas plus les ancêtres que les animaux des espèces éteintes ne sont les ancêtres des animaux existant aujourd'hui. Il s'agit ici d'une simple hypothèse.

clure. Sans entrer dans les détails qui ne seraient pas ici à leur place, rappelons les faits principaux.

Parmi les faits très-rares de crânes attribués à la race humaine préhistorique, et presque tous constituant de simples fragments, la calotte supérieure du crâne dit humain trouvé à Néanderthal, près de Dusseldorf, est le plus important aux yeux des transformistes. Le professeur Schauffhausen et M. Busk l'ont considéré comme le plus bestial de tous les crânes humains connus, et ressemblait à celui du singe par des caractères bien nets[1]. Suivant M. Huxley, il se rapproche de celui du singe non-seulement par le prodigieux développement des saillies sourcilières et la position saillante des orbites, mais bien plus encore par la forme déprimée de la cavité cérébrale, la forme de l'occiput, etc. Ce reste de crâne rappelle exactement la calotte crânienne d'un gorille femelle[2]; et je dois ajouter que ce qui aurait dû fortifier ce premier aperçu, c'est que les os des membres dénotaient, par leur grosseur extraordinaire, par leurs saillies et leurs dépressions prononcées, des muscles d'un développement inusité[3], *comme le sont les muscles du gorille*. On ne paraît pas avoir

---

[1] Sir Ch. Lyell : ouvrage cité.
[2] P. Topinard : ouvrage cité, p. 451.
[3] Ch. Lyell : ouvrage cité, p. 81.

tenu compte de cette importante donnée. Le seul fait relatif à la calotte de Néanderthal d'être d'une capacité supérieure à celle du crâne du singe, sans atteindre celle de l'homme, l'a fait admettre comme appartenant à une race humaine inférieure. Ce rapprochement isolé nous semble bien hasardé[1]. Sir Ch. Lyell croit « probable que ce fossile est à peu près du même âge que ceux trouvés par Schmerling dans les cavernes de Liége[2] ». Or, si le crâne de Néanderthal se rapproche de celui du gorille, le crâne d'Engis, qui fait partie de ceux de Schmerling, « se rapproche autant, dit M. Lyell, du type le plus élevé, du type caucasique ». D'autres faits analogues à celui d'Engis démontrent d'une manière certaine qu'il n'y a pas eu entre les races préhistoriques la filiation transformiste qu'on a voulu y trouver. C'est l'avis de M. Lyell lorsqu'il dit que « jusqu'à présent aucune preuve géologique certaine ne nous autorise à croire que ce que nous appelons les races — sans doute inférieures — de l'espèce humaine ont toujours précédé, dans l'ordre chronologique, les races les plus élevées[3] ». L'état présent montre la justesse

---

[1] Le crâne de Néanderthal n'étant que la calotte ou la partie supérieure du crâne primitif, c'est seulement d'une manière approximative que la capacité de ce crâne a été jugée.

[2] Sir Ch. Lyell : ouvrage cité, p. 81.

[3] Ouvrage cité, p. 94.

de cette remarque. La diversité accentuée des races existe aujourd'hui comme elle existait dès la période préhistorique, quoique plus accentuée de nos jours par le développement industriel et intellectuel, en raison du milieu social. Et cependant, entre le crâne de l'homme de génie et celui du sauvage le plus inepte, il y a une différence peu sensible, en comparaison de celle qui existe entre le crâne du sauvage inférieur et celui du singe le plus élevé dans l'échelle animale[1]. Il ne faut pas l'oublier, la si longue inertie de l'âge de pierre dans la période préhistorique est contre la transformation un argument impossible à réfuter d'une manière satisfaisante. Il n'y a pas là le progrès incessant de l'humanité, même à très-long terme, comme on l'a indiqué.

Que constatons-nous d'ailleurs aujourd'hui dans notre monde civilisé, savant, industriel et artistique ? Nous y trouvons encore des sauvages, continuant à fabriquer des armes et des ustensiles analogues à ceux attribués aux premiers hommes. Il est par conséquent dans l'ordre naturel qu'il ait existé à la fois, dans les temps préhistoriques,

---

[1] Les calculs de M. Vogt et de M. Paul Topinard ont montré que la capacité du crâne des grands singes était seulement de 30,63 à 32,66 pour cent comparée à celle du crâne humain. M. Topinard ne craint pas d'ajouter que si l'on tient compte de la masse du corps, c'est une différence quatre, cinq fois moindre qu'il faut dire. (*L'Anthropologie*, p. 48.)

comme aujourd'hui, des hommes plus civilisés dans certaines parties du monde et des hommes sauvages dans d'autres. Il en était ainsi il y a trois mille ans ; car, tandis que notre Europe, dont nous sommes si fiers, était plongée dans une barbarie relative, il y avait des pays où les hommes, comme les Égyptiens, les Chinois, et même des nègres, les Éthiopiens, jouissaient depuis longtemps d'une civilisation avancée, dont les restes nous étonnent à juste titre, mais que nous ne devons pas oublier. C'est une nouvelle preuve que les anthropologistes ont cru, bien à tort, pouvoir classer les races humaines les plus anciennes d'après les produits plus ou moins perfectionnés de leur travail industriel.

En trouvant les preuves les plus anciennes de l'existence de l'homme, et en constatant que tout son savoir industriel consistait à tailler des silex comme armes de chasse ou de défense, beaucoup de savants y ont vu la preuve matérielle que l'homme sauvage a été la souche de l'humanité dite civilisée, a été l'homme primitif.

Il est hors de doute que les premiers hommes n'avaient à leur disposition rien des plus petites ni des plus importantes choses de la civilisation. Mais il n'est pas moins évident que personne ne pourra prouver qu'en dehors de cette privation, leur intelligence, dans sa simplicité civilisatrice, fut aussi peu développée que leur industrie. Il n'y a aucun rapport absolu entre l'étendue de l'intelligence humaine et son aptitude au travail manuel, en ce sens que toute l'intelligence, il s'en faut, ne dépend pas de nos connaissances en science et en industrie. C'est donc avoir une fausse conception de la valeur réelle de l'intelligence humaine que de la juger d'une manière absolue par les œuvres matérielles qui peuvent nous en rester.

En reconnaissant qu'un seul couple humain a été la souche de l'humanité, on a considéré les sauvages comme des hommes dégénérés, ayant perdu peu à peu l'intelligence et les traditions de leurs ancêtres, mais ayant tous une origine commune. D'un autre côté, dans la supposition de l'abjection primitive de l'homme, on a admis, pour chacune des différentes races humaines, une origine spéciale. Même en admettant l'incertitude au sujet de l'état intellectuel du premier homme apparu sur la terre, il est évident que la probabilité la plus grande est pour l'opinion qui admet la dégénérescence de ses successeurs pour former les différentes races, par suite de l'influence diverse des milieux dans lesquels les hommes se sont établis. Nous ne voyons pas pourquoi, en effet, une race première ne pourrait pas se diversifier, si plusieurs races distinctes tendent à s'unifier par des croisements. Tant qu'il y aura des pôles et un équateur, disons-nous avec un savant anthropologiste contemporain, M. de Quatresages, des îles et des continents, des montagnes et des plaines, il y aura des races différentes. Donc une même race primitive, dispersée vers les pôles, sous l'équateur, dans les îles, etc., doit y être la souche de races nouvelles [1].

[1] *Revue scientifique*, 1872, p. 728.

CHAPITRE V

ORGANISATION HUMAINE.

I. — Mouvements de l'homme matériel compliqué dans son unité. — Équilibre statique de son corps; impossibilité de l'imiter. — Idée générale de l'homme-machine. — Rapports et différences avec les machines industrielles.

II. — Le mouvement attribut et non essence de la vie. — Vie végétative. — Direction intelligente, nécessaire pour toute machine en action. — Principe directeur pour celle de l'homme; preuves de son existence. — Objections erronées des matérialistes. — Forces physico-chimiques impuissantes pour expliquer la vie nutritive. — Opinions diverses des chimistes. — Reproductions d'éléments organiques; inductions forcées. — Principes directeurs nécessaires. — Rôle du cerveau. — Théorie matérialiste inacceptable. — Le libre arbitre et la fatalité. — Conclusions.

Parmi les aberrations philosophiques de notre temps, il en est une qui interprète la nature humaine d'une façon si insuffisante, qu'on ne saurait s'empêcher de la combattre. Cette doctrine voit dans le tout de l'homme vivant une simple machine mue par des forces physico-chimiques, et par conséquent assimilable, à ce point de vue, aux machines industrielles, à part la différence des éléments qui composent le corps humain.

S'appuyer sur la science pour soutenir cette manière de comprendre l'homme est une illusion étrange ; car nous allons, au nom même de la science, être conduit à admettre une formule différente, tout en reconnaissant, dans le corps humain vivant, l'importance de la matière utilisée ou mise en œuvre, et soumise par conséquent à l'action des forces physico-chimiques. Il en résulte l'homme au point de vue matériel, l'homme-machine, se transportant d'un lieu dans un autre et dont nous allons nous occuper d'abord. Mais l'homme tout entier n'est pas là, comme on le verra quand nous traiterons ensuite de la cause de ses mouvements vitaux.

I

On voit l'homme, la tête élevée, circuler sur deux supports mouvants qui le transportent où il désire, avec des mouvements et des attitudes si bien appropriés à ses actes extérieurs, et si expressifs par rapport aux sentiments intimes qu'il éprouve, que l'on ne saurait s'empêcher d'être saisi d'admiration en réfléchissant à l'ensemble et à la coordination parfaite de ces mouvements complexes. Sans en connaître le mécanisme physiologique, on n'a pas la moindre inquiétude sur la solidité de la déambulation de l'homme, si surprenante cependant au point de vue mécanique. Si l'on pénètre, en effet, dans la constitution de ce mécanisme, on est frappé de sa merveilleuse perfection.

Il est d'abord tellement compliqué dans son admirable unité, que l'on se demande comment il peut fonctionner sans se déranger ou s'arrêter ; fonctionner pendant une heure, pendant une semaine, des mois, des années, et cela non-seulement pour un homme qui en serait l'unique exemple, mais pour des centaines de millions d'hommes à la fois, se perpétuant par milliards avec les siècles, sans que cesse de fonctionner de la même façon cet admirable mécanisme. Et cependant le corps humain n'a matériellement pour support ou charpente que des os superposés, liés l'un à l'autre par des attaches ou des ligaments mous et flexibles, et l'ensemble matériel du squelette, dont Cicéron admirait la souplesse, n'a pas en soi plus de solidité de station qu'une chaîne qu'on voudrait faire tenir seule dans la position verticale sur le sol. Le corps d'un récent pendu, la corde coupée, s'effondre sur lui-même, comme le ferait la chaîne tenue verticalement, puis abandonnée à elle-même. Cette comparaison s'explique matériellement : ces corps ont une flexibilité d'attaches analogue.

L'homme, mettant à profit ses connaissances scientifiques et industrielles, peut chercher à maintenir dressée perpendiculairement cette chaîne à la surface du sol; mais quel problème difficile à résoudre! Qu'il mette en œuvre pour y arriver la perfection de la mécanique, à quoi de semblable à la statique et à l'équilibre du corps humain vivant pourra-t-il arriver? à rien même d'analogue. Pour maintenir la chaîne dressée, il imaginera des ressorts rigides, des moyens de soudure fixant un anneau de la chaîne à l'autre de façon à immobiliser l'ensemble de ces anneaux; il pourra donner à cette tige, composée d'anneaux devenus immobiles, l'un par rapport à l'autre, une base de sustentation sur laquelle il la fixera verticalement. Mais quant à trouver le moyen de conserver à la fois la flexibilité de la chaîne et sa position verticale indépendante, en n'ayant que le sol pour appui, cela lui sera impossible. Pourrait-il arriver à ce prodigieux résultat de statique, il se heurterait encore contre l'impossibilité d'imprimer à la chaîne debout des mouvements analogues à ceux de la machine humaine vivante.

Cette impuissance provient de ce que l'homme ne saurait imiter les muscles vivants contractiles, constituant la chair musculaire, et empêchant les articulations mobiles des os et du squelette, superposés bout à bout, de fléchir en les maintenant fixés dans leur rectitude. Ces muscles, formant près de la moitié du poids du corps, sont étendus d'une tige osseuse à une autre, suivant leur longueur. Ils ont la propriété de se raccourcir en se contractant dans des conditions que nous rappellerons plus loin. Ils feraient fléchir les articulations de leur côté, si du côté opposé des contractions antagonistes d'autres muscles n'empêchaient pas les articulations de céder. Il résulte de cette action antagoniste étendue d'un os à un autre, de la base au sommet de l'édifice humain, l'équilibre extraordinaire que j'ai rappelé. Et ces mêmes muscles en se contractant agissent instantanément à la volonté de l'homme vivant, et produisent, en outre du maintien de la station droite, tous les mouvements extérieurs qui s'y rattachent, et qui sont en même temps indépendants.

Ces mouvements extérieurs effectués par la machine humaine vivante, mouvements si complexes et si variés, sont loin d'être les seuls observés dans le corps humain : il y a encore des actions motrices dans son intérieur, bien qu'elles soient invisibles extérieurement.

Il y a d'abord une double pompe aspirante et foulante, le cœur, organe constamment en action. Par un admirable mécanisme, une de ces deux pompes contiguës refoule et envoie dans toutes les parties les plus infimes, par des vaisseaux ou conduits artériels, de plus en plus finement ramifiés jusqu'à devenir microscopiques, un liquide nutritif, le sang, qui alimente toutes les parties de l'organisme en y apportant incessamment l'oxygène. Ce liquide entretient et vivifie tous les organes, les muscles faisant mouvoir les os, les os eux-mêmes, les ligaments qui les maintiennent affrontés, et tous les autres organes matériels sans exception. Le sang revient ensuite, après avoir servi à la nutrition, vers le second corps de pompe du cœur, par des vaisseaux particuliers, les veines. Ce corps de pompe refoule le liquide sanguin, dépouillé de ses propriétés nutritives, dans les poumons, où l'air respirable le revivifie de nouveau en lui redonnant l'oxygène qui lui manque, et en lui enlevant son carbone. Enfin ce sang revient des poumons dans le corps de la première pompe; et cette double circulation simultanée, si longue à exposer même de cette façon sommaire, se répète complétement à chaque seconde.

C'est ainsi que toutes les parties intimes du corps se nourrissent et se transforment matériellement à la fois, par l'action simultanée de ces deux corps de pompe contigus et unis.

Cependant le liquide sanguin ne suffirait pas à cet entretien matériel du corps, s'il ne recevait les matériaux de l'alimentation. Cette alimentation est possible grâce aux mouvements qui permettent à la machine humaine de se transporter d'un lieu dans un autre, de prendre les substances nutritives, et de les placer dans les conduits naturels contractiles par où elles doivent pénétrer jusque dans la profondeur des organes digestifs. Elles y sont élaborées et se mêlent ensuite à la masse du sang, où les déversent des conduits spéciaux. Enfin des appareils, dépendant de la même machine humaine, la débarrassent par excrétion des matériaux inutiles ou nuisibles qui ont pénétré dans le corps avec les substances alimentaires.

Telle est, rapidement esquissée, la machine humaine considérée comme corps matériel en mouvement. Comme tous les autres corps matériels, celui de l'homme est soumis aux différentes forces physiques que je n'ai pas à rappeler. Il ne l'est pas moins aux forces chimiques; d'où la comparaison que l'on a pu faire, jusqu'à un certain point, de certains organes de l'homme avec une cornue, dans laquelle s'effectuent constamment les combinaisons les plus variées.

Il y a donc une certaine analogie entre l'homme-machine et les vraies machines d'invention humaine, dans lesquelles la matière et les forces physico-chimiques sont également utilisées. Est-ce là cependant une raison suffisante pour assimiler la machine animale à une machine industrielle, et de les considérer l'une et l'autre comme différant du plus au moins? Non, certes, cette assimilation est complétement impossible, et l'on s'étonne qu'on ait pu l'affirmer sérieusement, comme l'a fait Büchner. On se sent véritablement humilié d'avoir à combattre une pareille assimilation; mais on ne peut la laisser affirmer sans en montrer l'incohérence. Les raisons solides ne manqueront pas à cette tâche.

Si donc nous comparons l'homme matériel vivant à la machine qui a, comme lui, la faculté de se mouvoir, à la locomotive, nous trouvons d'abord dans leurs mouvements une différence caractéristique. Tandis que la locomotive peut seulement avancer ou reculer, opérer une traction ou une propulsion, l'homme fait des milliers de mouvements divers et des milliers d'actes différents, impossibles à faire exécuter à la machine la plus parfaite. Les automates mécaniques dessinant, écrivant chaque lettre de l'alphabet, ou jouant du clavecin, qui ont été inventés et confectionnés au dernier siècle, et plus récemment, à l'Exposition internationale, le petit oiseau suisse chantant et agitant ses ailes, ont été considérés avec raison comme des merveilles de fabrication ingénieuse; cependant ils ne pouvaient rien faire autre chose que des mouvements mathématiquement calculés et combinés, montrant la limite absolue de leur action. Quelle énorme différence avec les mouvements humains ! Rappelons seulement ceux de la main exécutant, avec mille variantes, chacun des objets les plus simples comme les plus admirables de l'industrie. Le mouvement dans l'homme est non-seulement prévu et voulu, comme celui de toute machine industrielle, mais encore, remarquez-le bien, il est imprévu et spontané pour la conservation et les besoins de l'homme, comme nous le montrent les mouvements qui effectuent sa nutrition. C'est là un caractère manquant absolument à toute machine industrielle.

En outre des mouvements qui concourent à la nutrition du corps de l'homme, c'est-à-dire au renouvellement constant de toutes ses particules, cette nutrition a d'autres caractères qui lui sont propres, comme aux animaux. Elle empêche l'usure de la machine humaine, et de plus elle la fait se développer et grandir seule : merveilleux résultats que ne présente et ne présentera jamais une œuvre humaine quelconque.

Mais ce n'est pas tout. Dans chaque machine imaginée par l'homme, il y a autre chose à considérer que ses parties matérielles et le mouvement produit. Abandonnée à elle-même, la machine à vapeur reste inerte ; elle n'a pas le mouvement qui est sa vie. Pour qu'elle se meuve, il est indispensable qu'un être intelligent et agissant lui ajoute de l'eau et du feu ; il faut de plus que l'action de la vapeur propulsante puisse être régulière et suivie, et pour cela qu'elle soit surveillée et dirigée avec entente.

Cette intervention intelligente et dirigeante indispensable est le fait de l'action d'un être en dehors de la machine : de l'homme qui dirige cette machine. L'intervention humaine est même double : il y a son intervention matérielle, consistant à allumer le foyer, à l'alimenter de combustible et à garnir d'eau la chaudière; et il y a de plus, comme principe directeur intelligent, non-seulement de ces actes, mais de ceux de la machine en fonction, l'intelligence humaine, influence abstraite s'étendant de l'homme, hors de l'homme, à la machine en mouvement. Si cette influence directrice, qui n'est certes pas une force physico-chimique, cesse d'agir, la machine s'arrête. Et il n'y a rien de spécial ici à la locomotive. Il n'est pas une seule autre machine inventée par l'homme qui puisse remplir son but sans son intervention.

Je constate en passant la nécessité absolue d'une pareille intervention, aussi certaine, aussi évidente que l'action extérieure manuelle. J'aurai à y revenir. Je fais remarquer, en outre, que si la machine la plus perfectionnée a besoin, pour fonctionner ou vivre, d'une intervention étrangère, — celle de l'homme, — à plus forte raison y a-t-il nécessité à ce que chaque machine humaine, la plus compliquée des machines, ait besoin d'une intervention puissante analogue.

Il me reste enfin à rappeler trois attributs qui spécialisent la machine animale. Le premier est celui-ci : chacune de ces prétendues machines se multiplie *en se reproduisant*. Le deuxième attribut, c'est que la machine animale, après avoir fonctionné plus ou moins longtemps sans la moindre interruption, cesse absolument de fonctionner dès que survient ce que l'on appelle la mort ; tandis que les machines industrielles sont toujours prêtes à obéir à l'action intermittente des forces physiques. Le troisième attribut, enfin, a ceci d'admirable : chaque homme vivant porte en lui-même, dans l'intimité de son organisation, la cause dirigeante de ses fonctions ou de sa vie matérielle. Ces différentes conditions établissent une différence fondamentale entre les deux ordres de machines.

En quoi consistent les différences qui spécialisent si bien le corps de l'homme animal ? Nous y voyons comme fait général un mouvement incessant, multiplié, se montrant partout, dans l'intimité de la trame organique comme dans les actes visibles extérieurement. Mais nous y trouvons aussi d'autres caractères particuliers : ce sont d'autres manifestations de la vie, aussi bien que ce merveilleux mouvement.

On l'affirme néanmoins avec assurance : la vie,

même dans ses manifestations les plus élevées, dont nous allons parler tout à l'heure, consiste uniquement dans le mouvement. Malgré les progrès intéressants de la physique, qui ont fait constater le mouvement intime comme fait fondamental d'une foule de phénomènes dans lesquels on ne le soupçonnait pas, on ne saurait admettre cette conclusion absolue de l'existence exclusive du mouvement dans tous les phénomènes de la nature, sans aucune exception. C'est surtout dans les corps vivants que le mouvement n'est pas tout.

Voyons donc en quoi consiste en réalité cette vie dans le corps de l'homme.

II

Le mouvement, considéré comme étant la vie en action et même en puissance par les matérialistes, est pour eux le seul phénomène de la vie. C'est une grave exagération. Le mouvement considéré dans le corps humain est, il est vrai, un des phénomènes les plus généraux, car il s'étend à la matière organique sous toutes ses formes; mais ce mouvement n'est qu'un attribut particulier de la vie et non point son essence même.

Il suffirait à la rigueur de faire remarquer combien, en dehors du mouvement, les actes vitaux sont complexes, pour faire rejeter cette conception étroite et mesquine de la vie. Ces actes vitaux, nous devons le répéter et y insister, se particularisent par leur indépendance dans chaque corps d'animal ou humain, non-seulement par leurs modes de mouvement, si complexes et si étonnants qu'aucune machine industrielle des plus perfectionnées n'en peut donner une idée, mais encore par l'entretien nutritif régulier de chaque corps *dans sa forme et dans ses éléments matériels :* entretien parfaitement ordonné, qui ne peut exister et se continuer pendant de longues années sans obéir à une cause dirigeante, inhérente à ce corps lui-même. C'est une conséquence logique à laquelle on ne saurait échapper.

Ces manifestations de la vie, communes à tous les animaux, ne sont cependant que secondaires. Elles ont été avec raison comparées à celles de la vie des plantes; aussi les a-t-on comprises sous la dénomination de vie végétative animale. Mais quand on songe qu'au-dessus de cette vie végétative ou nutritive, l'homme présente un ensemble de phénomènes se rapportant aux sens, et caractérisant la vie sensitive; quand on voit qu'au-dessus encore il y a des phénomènes échappant de plus en plus aux explications physico-chimiques et caractérisant la vie intellective, on se demande comment on a pu voir dans le corps humain une simple machine agissant sous la direction aveugle des forces dites naturelles.

Le mouvement dit vital, objectent les matérialistes, est si bien la conséquence des forces physico-chimiques, qu'il cesse complétement avec la suspension d'action de l'un des trois centres organiques principaux, le cœur, le cerveau, les poumons, organes dénommés par suite le trépied de la vie. Le fait que l'on vise ici est parfaitement connu : empêchez de fonctionner complétement, par une cause quelconque, le cœur comme organe de la circulation sanguine, ou les poumons comme organes de la respiration, ou le cerveau comme centre matériel des fonctions nerveuses, et cela pendant un temps assez court, le mouvement vital peut s'arrêter, et il ne reste plus qu'un corps inerte et putrescible, un cadavre. Je puis faire encore, à ce propos, la comparaison du corps humain avec une machine à vapeur, où l'on pourrait aussi désigner, comme trépied vital, la chaudière, le tube qui reçoit la vapeur, et le piston qui y glisse. Un défaut de construction dans l'une de ces trois parties essentielles ou un accident, fissure de la chaudière ou du tube, défaut de graisse ou un peu d'oxydation à la surface du piston, et la vie de la machine, c'est-à-dire l'exercice de sa fonction locomotrice, cesse immédiatement de se produire. Cependant l'induction que l'on tire de l'importance dudit trépied de la vie au profit des forces physico-chimiques comme seules agissantes, est absolument erronée. Pour que le mouvement se produise dans les machines à vapeur, avons-nous dit, il faut l'intervention de l'intelligence humaine. Or, étant admis ce principe incontestable et incontesté, est-il possible de nier qu'il existe nécessairement des conditions analogues pour la machine humaine si parfaite, et dont le trépied vital organique ou matériel doit avoir nécessairement au-dessus de lui des principes d'activité aussi indispensables que le feu, la vapeur et l'intervention de l'intelligence humaine, pour la vie de la machine non organique?

La vie s'arrête de part et d'autre, dit-on, parce que tout mouvement cesse, et parce que cette vie n'est elle-même que la résultante des mouvements. Chez l'homme elle serait la résultante des actes mobiles de la nutrition organique! C'est là une grosse erreur de fait et de raisonnement, car c'est prendre l'effet pour la cause. C'est comme si l'on disait que l'action du chauffeur d'une locomotive et la vaporisation de l'eau par le feu sont la résultante des mouvements du piston; tandis que c'est dans l'intervention intelligente du mécanicien-chauffeur que se montre le vrai point de départ, le *principe* de l'action de cette machine.

Dans l'homme vivant il en est de même. La vie

n'est pas non plus chez lui la résultante des fonctions en activité. Ce sont au contraire les fonctions qui sont la conséquence du *principe* de leur activité porté en lui-même par l'homme, comme nous l'avons rappelé. C'est une grosse erreur de Lamarck d'avoir dit : « La fonction fait l'organe », car elle ne fait que le perfectionner lorsqu'il est déjà développé. La fonction, le mouvement ne sauraient commencer à s'effectuer sans l'existence préalable de l'organe lui-même. Le principe de l'activité des fonctions les dirige et les coordonne comme le fait l'intelligence du mécanicien pour toute machine en action. Sans cette intervention indispensable, les fonctions physico-chimiques de l'homme, et principalement celles de la nutrition et de ses mouvements, seraient nulles, comme les mouvements de la machine à vapeur. Celle-ci serait inerte et froide, comme le corps humain cadavre, l'une et l'autre conservant cependant leur admirable organisation matérielle.

Quel est donc ce principe directeur de la nutrition du corps humain, principe indispensable d'une manière absolue ? Si nous tenons compte des conditions de la nutrition, ce mouvement incessant de composition et de décomposition moléculaire, généralisé à toutes les parties les plus intimes du corps; si nous considérons ce corps perdant toutes ses molécules matérielles successivement, pour qu'elles soient remplacées par les molécules de substances extérieures fournies par la nature, nous sommes frappés d'un fait bien remarquable : chaque molécule matérielle de ce corps étant incessamment modifiée, désagrégée et en même temps reconstituée et remplacée, l'homme finit, dans un temps de sa vie que l'on a calculé devoir être de peu d'années, par n'avoir plus à ce terme une seule des molécules qu'il possédait d'abord, et qui ont été entièrement remplacées par d'autres molécules.

Ce qu'il y a d'inouï dans ce changement moléculaire incessant des particules du corps, c'est la façon dont il s'effectue, dans des limites extérieures définies et toujours reconnaissables. Il résulte de l'action de cette force dominant la nutrition, que le corps conserve la même forme malgré la transformation continuelle de sa matière. On se reconnaît au bout de plusieurs années, tout en étant néanmoins, comme matière, un être absolument différent. Chez le vieillard, ce changement intégral s'est répété plusieurs fois dans sa vie, sans que sa personnalité ait changé. Il représente plusieurs hommes successifs, différant par la matière et s'enchevêtrant pour ainsi dire l'un dans l'autre, mais restant un par ses qualités intellectuelles et morales, par ses goûts et par ses aptitudes. Il est donc toujours le même être par son principe invariable de vie, qui a présidé à cette transformation matérielle. Ce principe est nécessairement, absolument supérieur, et en dehors de cette matière qu'il dirige. Ne trouvez-vous pas, lecteur, si vous avez l'esprit libre, que ce soit là une des plus fortes preuves, une preuve irrécusable de l'existence d'un principe de vie étranger à la matière[1]? Leibnitz a insisté sur ce phénomène fondamental des modifications matérielles incessantes des corps organisés, restant les mêmes par l'âme ou l'esprit, qui fait le moi chez l'homme pensant. Cuvier, avec sa perspicacité habituelle, désigne à ce propos la forme des corps comme leur étant plus essentielle que leur matière, puisque celle-ci change sans cesse, l'autre se conservant. C'est dans ce sens que l'âme a été dite la *forme du corps*[2]. Büchner a sans doute trouvé que le silence était d'or en présence de cette preuve de l'existence de l'âme, car il n'en dit mot. Elle nous paraît, en effet, irréfutable.

Quoique la succession graduelle des âges de la

---

[1] Les animaux ont un principe de vie analogue au point de vue de la nutrition, des sens et un peu de l'intelligence. M. Chauffard a exposé d'une manière très-claire l'enchaînement vital qui existe entre les plantes, les animaux et l'homme. (*Le Correspondant*, article cité, 1875, p. 821.)

[2] Chaque être, dit Fénelon, reçoit à chaque génération, *sans aucun moule*, une configuration faite exprès... Qui est-ce qui conduit une configuration si composée? (*De l'existence de Dieu.* Édition GARNIER, p. 29.)

vie apporte des modifications successives dans ces transformations matérielles du corps chez l'enfant, l'adulte ou le vieillard, ces âges sont nécessairement un effet se développant d'une manière non interrompue sous l'influence d'une cause immatérielle dominant la nutrition, dominant par conséquent les forces physico-chimiques qui y concourent, et se rattachant au même principe que l'intelligence, le caractère et les déterminations morales. Cette manière de voir est démontrée par cette évolution régulière et constante des âges, n'ayant pas varié chez un seul des milliards d'êtres humains qui ont vécu, ou qui vivent actuellement.

On appelle cette cause-principe l'*âme*. On peut changer le nom; mais on ne saurait rejeter l'existence de la chose.

Les matérialistes néanmoins contestent l'existence de ce principe; ne voulant pas s'arrêter sans doute aux raisons que je viens d'exposer, ils le contesteront encore. Ils nient l'existence d'une âme, principe de la vie de l'homme, et ils retournent la question pour tenter d'en avoir raison, comme ils le font pour toutes les idées dites par eux *du vieux monde*. Les phénomènes vitaux, disent-ils, loin d'avoir une cause particulière dominant la matière du corps, sont un simple *effet*, une résultante de l'action des forces physico-chimiques sur les organes. Ule y voit le produit de la métamorphose de la matière, et raisonne comme si cette métamorphose pouvait s'effectuer sans cause. Büchner est du même avis ; il considère l'esprit humain comme « le produit le plus subtil de la nature ». Il examine l'ovule humain au microscope, et ne peut « que rire » en n'y voyant pas l'âme renfermée [1] ! Il combat l'idée d'une âme comme contraire à toutes les expériences de la science, mais sans nous dire lesquelles.

En ne voyant ainsi dans le principe de vie qu'un effet subordonné à l'action des forces physico-chimiques sur la matière, à la métamorphose de la matière, en n'y trouvant, en un mot, qu'un principe secondaire, se développant par degrés par suite de rapports avec le monde extérieur à l'aide des sens, — ce qui n'est vrai que dans une certaine mesure, — il faut commettre étourdiment la faute d'oublier les premiers temps de l'existence de l'homme, pour ne le voir que développé et jouissant déjà de la triple vie végétative, sensitive et intellective. Or, quand le germe est fécondé, il présente une importance curieuse et fondamentale : il constitue une particule matérielle infiniment petite, et cependant cette particule, ce presque rien matériel subit le plus étrange, le plus compliqué, et en même temps le plus régulier des

---

[1] Büchner : ouvrage cité, p. 244.

développements. Par suite de quelle force ou impulsion se fait ce développement? Ce n'est certes pas par l'exercice des sens, *qui n'existent pas encore et qui d'ailleurs ne s'exerceront pas de long temps*; il est donc étrange de les invoquer. Ce n'est pas non plus par l'action des forces physico-chimiques sur cette molécule, car elles ne pourraient même pas la faire simplement se multiplier, en tant que molécule toujours semblable à elle-même, sans une direction particulière. A plus forte raison ces forces dites naturelles seraient-elles impuissantes à produire, dès ce début microscopique, ce mouvement moléculaire tellement admirable que, petit à petit, le germe imperceptible grandit, se façonne, et reçoit sa forme propre, individuelle, avant l'exercice des sens : forme toujours reconnaissable plus tard, dans la suite de son développement, et faisant de l'être nouveau, dès sa première particule, une personnalité à part. Quelle puissance d'action dans cette cause! Quelle intelligente activité dans ce prodigieux développement, dans l'évolution harmonique et ininterrompue de ces phénomènes pendant la vie! N'est-ce pas une vraie merveille d'organisation et de développement?

Il y a là un principe animateur que je ne puis pas plus voir que Büchner, il est vrai, mais qui existe nécessairement, agissant avant les sens et, bien plus, présidant à la confection matérielle des organes de ces sens, dont il doit profiter plus tard.

Rien, nous semble-t-il, ne saurait montrer plus clairement que les considérations qui précèdent, le peu de valeur de la prétendue influence exclusive des forces physico-chimiques et des sens sur le développement de l'être humain. Mais je suis loin d'avoir tout dit à ce sujet. Par exemple, la transmission de principes héréditaires à travers ce simple germe jusqu'à ce qu'il arrive à être un homme, vient donner un nouvel appui à nos arguments. Je ferai remarquer toutefois que même en présence de ce fait péremptoire, les matérialistes ne veulent pas s'avouer vaincus. Comme il est impossible de nier les transmissions héréditaires, Büchner affirme qu'elles ne prouvent nullement l'existence de l'âme-principe; ces transmissions seraient simplement corporelles et consisteraient en *prédispositions* qui, excitées par les impressions du dehors, donneraient naissance aux qualités, aux propriétés spirituelles!

Je demanderai simplement comment on peut comprendre une prédisposition indépendante qui se manifesterait chez l'enfant après avoir existé chez le père. C'est se payer de mots que de qualifier ainsi les choses. Enfin Büchner, rejetant toute idée de l'existence spirituelle au début de la vie[1], croit le démontrer en disant qu'on ne saurait nullement avoir

[1] Ouvrage cité, p. 243.

le souvenir de ce premier temps de l'existence!

Si nous serrons la question de plus près, en la particularisant, nous arrivons à une démonstration encore plus complète de l'existence de l'âme qui donne la vie à la nature humaine.

En fixant d'abord notre attention sur les phénomènes de la vie nutritive de l'homme, qui forment le groupe d'actes vitaux dans lequel les phénomènes physico-chimiques jouent un grand rôle, nous sommes forcés de reconnaître que les seules forces dites naturelles, c'est-à-dire venant du dehors agir sur l'économie humaine, sont impuissantes à les produire. Elles sont impuissantes au nom même de la science. Gerhardt pensait que la formation des matières constituant les organes, et dites pour cela organiques, dépendait de l'action mystérieuse de la force vitale; Berzélius, que « les éléments paraissent obéir à des lois autres que la nature inorganique ». Liébig, qui s'est tant occupé de chimie organique, s'est déclaré le défenseur de l'idée du principe vital. Il le considérait comme « une force particulière supérieure, organique, agissante dans le corps vivant, par laquelle les phénomènes de la vie naissent et subsistent d'eux-mêmes et en partie indépendamment des lois générales de la nature [1] ».

Je dois ajouter que tous les chimistes ne pensent

[1] Citation de Buchner.

pas de même. Un certain nombre d'entre eux prétend que l'on n'a plus besoin d'un principe vital dans le corps humain pour expliquer sa formation et son entretien matériel. Tout s'y passerait comme dans le laboratoire, où l'on dissocie par analyse, et où l'on reforme par synthèse, les corps minéraux. La preuve en est, ajoute-t-on, dans les travaux de M. Berthelot. Ce savant, dont les travaux remarquables honorent la science française, en est venu à reproduire dans le laboratoire beaucoup de combinaisons organiques semblables à celles qui s'effectuent dans les corps vivants. Donc les seules forces physico-chimiques suffisent, dit-on, à la confection de ces corps vivants sans l'intervention d'un principe vital. L'objection est spécieuse, parce qu'elle part d'un fait vrai; mais l'induction est erronée, comme on va le voir.

Dans son admirable simplicité de composition, le corps de l'homme est constitué par du carbone, de l'hydrogène, de l'oxygène et de l'azote, dont les combinaisons produisent pendant la vie les parties matérielles si variées de ce corps. On avait analysé et décomposé ces parties matérielles, et reconnu ainsi la simplicité des éléments qui les composent. Cependant on n'avait pu pendant longtemps reproduire chimiquement ces parties organiques[1],

---

[1] Wölher, dès l'année 1829, avait confectionné chimiquement de l'urée, mais ce fait était resté à peu près isolé.

lorsque M. Berthelot est venu démontrer qu'il existait des méthodes générales pour la reproduction artificielle d'une certaine quantité de ces éléments organiques les plus simples. Il en a conclu à la similitude des combinaisons chimiques s'effectuant dans le laboratoire et dans le corps humain : « Les forces chimiques qui régissent la matière organique, dit-il, sont réellement et *sans réserve* les mêmes que celles qui régissent la matière minérale [1]. » Les mots *sans réserve* vont beaucoup trop loin. On ne saurait certainement se refuser à admettre que la vie nutritive ou végétative du corps humain utilise les lois de la matière minérale, mais seulement dans des limites qu'il est indispensable d'établir. M. Berthelot n'accepte pas ces limites, ni les « déclarations prématurées d'impuissance ». Il pense que l'on peut « réaliser la formation des principes immédiats, sans le concours de forces particulières à la nature vivante ». « Non contents, dit-il ailleurs, de remonter par la pensée aux transformations matérielles qui se sont produites autrefois et qui se produisent tous les jours dans le monde minéral et dans le monde organique..., nous pouvons prétendre, sans sortir du cercle des espérances légitimes, à concevoir les

[1] BERTHELOT : *Leçons sur les méthodes générales de synthèse en chimie organique*, 1864, p. 17. — Une seconde édition a paru en 1876 sous le titre : *la Synthèse chimique*.

types généraux de toutes les substances possibles et à les réaliser ; nous pouvons, dis-je, prétendre à former de nouveau toutes les matières qui se sont développées depuis l'origine des choses, à les former dans les mêmes conditions, en vertu des mêmes lois, par les mêmes forces que la nature fait concourir à leur formation [1]. »

Malgré la conviction profonde du savant chimiste que nous citons, et la déférence que nous devons à ses remarquables travaux, nous ne saurions souscrire à sa manière de voir. Basée sur des faits scientifiques, incontestables comme faits, cette opinion a une force qu'elle perd en partie dans les déductions.

D'abord, malgré l'importance scientifique des synthèses de chimie organique dont il est question, et en admettant même le progrès futur de ces synthèses en nombre et en importance, rien absolument ne démontre qu'elles soient sans limites, comme le pense M. Berthelot. Si la chimie, tout en perfectionnant ses procédés, arrive à produire artificiellement la plupart des éléments du corps de l'homme, il lui sera toujours interdit, on peut l'affirmer, de confectionner de toutes pièces cette *chair coulante* que l'on appelle le sang, et cette chair solide constituant les muscles, ces organes de nos mouvements. Cette impuissance ne viendra pas d'un défaut de progrès dans les procédés chi-

[1] *La Synthèse chimique*, 1876, pages **270** à **277**.

miques du laboratoire, mais simplement de cette condition fondamentale du corps de l'homme qu'il ne vit pas simplement par l'intervention des forces physico-chimiques agissant sur les matières du corps. Les combinaisons chimiques sont nécessaires à la vie végétative du corps : voilà tout. Mais dans les savantes reconstitutions matérielles du chimiste, où trouver la vie? Nulle part, n'est-ce pas? Car ces produits de la chimie savante sont autant de parcelles semblables aux éléments d'un cadavre humain. Le mouvement, cette manifestation de la vie, — qui est la vie entière, selon les matérialistes, — y fait défaut partout, et il est impossible, comme il le sera toujours, de donner à ces produits ce mouvement, à l'aide des seules forces physico-chimiques les plus puissantes et les mieux dirigées. Transformer un corps inactif en un corps actif, « c'est là ce qu'on n'a jamais fait, disons-nous avec M. Pasteur; c'est là, au contraire, ce que la nature vivante fait sans cesse sous nos yeux [1] ». Nos réserves à la conclusion formulée au nom de la chimie organique moderne sont donc justifiées.

On ne doit pas perdre de vue une omission grave de la part des chimistes partageant les idées de M. Berthelot. Ils négligent de tenir compte du vrai

---

[1] PASTEUR : *Note sur une distinction entre les produits organiques naturels et les produits organiques artificiels.* (Acad. des sciences, juillet 1875.)

principe dirigeant des combinaisons organiques, soit dans le laboratoire, soit dans le corps humain.

Dans le laboratoire scientifique, en effet, il n'y a pas seulement les substances à combiner entre elles, des cornues, des fourneaux, du feu, des réactifs, etc., en un mot, des matières et des forces physico-chimiques à utiliser. J'y vois un conducteur nécessaire des travaux chimiques, qui exécute les prescriptions du maitre, et de plus, ce maitre, absent ou présent, qui les a imaginées et formulées, et sans lequel les combinaisons n'auraient pas existé. Il y a donc ici l'intervention nécessairement intelligente du chimiste, intelligence directrice, indispensable, produisant des combinaisons d'autant plus nouvelles, d'autant plus correctes, que cette intelligence est plus élevée. Les forces qui les effectuent ne parviendraient par elles-mêmes à rien de satisfaisant, sans cette intervention intelligente.

Que se passe-t-il par contre dans le corps humain ? Partout, dans les parties les plus infimes de l'organisme, il y a un mouvement de décomposition et de formation ayant ce prodigieux caractère d'être général et sans trêve pendant toute la durée de la vie humaine. Où est ici le conducteur de ces merveilleux travaux, et au-dessus de lui le maître qui les a imaginés et formulés ? S'il faut une direction intelligente pour effectuer accidentellement des combinaisons organiques isolées, et relativement peu nombreuses, que fournit par hasard le laboratoire, à plus forte raison en faut-il une pour présider aux myriades de combinaisons permanentes qui s'enchevêtrent sans désordre dans l'organisme humain [1]. Quel est le principe nécessairement intelligent qui les dirige en dominant les forces physico-chimiques ? Il serait absurde de dire : il n'y en a aucun, et tout marche par le seul fait de l'intervention fortuite des forces naturelles.

Dans le corps de l'homme, le principe dirigeant agit avec une correction remarquable, en y produisant toujours et de tout temps les mêmes composés de chaque organisme [2]. Nous ne pouvons voir ici que le laboratoire : le corps vivant. Mais puisque ce laboratoire fonctionne pendant toute la vie, il faut nécessairement admettre qu'alors il y a un conducteur et un maître au-dessus de ce conducteur, quoi-

---

[1] Büchner, en présence de la comparaison, faite par Mulder, de la force vitale à une bataille livrée par des milliers de combattants, ne voit pas dans l'ensemble de ces faits le résultat d'une seule force, d'une « force de bataille » qui ferait tirer les canons, agiter les sabres, etc., mais la somme des forces et les combinaisons innombrables en activité dans un pareil événement. Notre matérialiste allemand oublie une seule chose capitale : le général en chef, dont la volonté est la force vitale de l'armée, qui subit simplement son commandement.

[2] Cette correction chimique dans le corps humain est démontrée indirectement par les résultats obtenus par M. Berthelot, et qui méritent sous ce rapport d'attirer l'attention. Par les combinaisons de carbone et d'hydrogène, il a produit non-seulement les quinze ou vingt corps gras nécessaires à

que nous ne les voyions pas, quoique nous ne puissions les toucher, comme dans le laboratoire scientifique. Le conducteur, nous l'appelons l'âme ; le maître, Dieu. Cette conclusion a sa confirmation dans la mort. L'âme, et avec elle toute intervention directrice, ayant disparu du corps, ce corps mort ressemble au laboratoire du chimiste absent quand ses fourneaux sont éteints.

On voit donc que les phénomènes vivants de nutrition se rapprochant le plus chez l'homme des phénomènes physico-chimiques de la matière brute, ne peuvent s'expliquer que par une influence originelle particulière à chaque individu, agissant au-dessus des forces naturelles, indépendamment de sa volonté, et ne pouvant être que l'âme humaine. Nulle part d'ailleurs nous ne voyons la matière brute s'animer sous l'influence de l'action des forces physico-chimiques. Si celles-ci suffisaient pour donner la vie, il est clair que nous verrions de temps à autre, comme on l'a dit, l'animation accidentelle de

l'organisme, mais en outre « près de deux cent millions de corps gras différents » qui sont étrangers aux corps animaux. Le chimiste caché de l'organisme humain modère donc incessamment de la même manière, et avec la même perfection, l'élan des combinaisons organiques, de manière à les maintenir dans la même limite admirable de production dans des milliards de corps vivants isolés les uns des autres ! Quelle preuve plus péremptoire de l'intervention d'un principe directeur intra-organique ?

la matière s'effectuer sous leur influence, ce qui n'a jamais été observé.

Cependant on a pensé trouver une preuve décisive de cet ordre en faveur de l'origine physicochimique de la vie en général, dans l'existence des animaux inférieurs dits *ressuscitants*. Ces organismes infiniment petits, — les tardigrades et les rotifères, — se dessèchent à la chaleur du soleil ou bien à une température plus élevée, et après avoir été plus ou moins longtemps dans l'inertie de cette dessiccation, immobiles et insensibles, leur sensibilité revient dès qu'ils sont imbibés d'eau; et en même temps qu'ils se raniment, ils se meuvent et se nourrissent comme auparavant. Dans un rapport fait à ce sujet à la Société de biologie, M. Broca, considérant l'inertie de l'animal desséché comme la mort réelle, pense que l'on ne saurait admettre ici une vie latente subsistant dans le petit animal; et il donne en preuve cette raison que tout autre animal supérieur desséché de la sorte serait mort. Aussi admet-il comme conclusion la mort et la résurrection successives de l'animalcule comme incontestables. Néanmoins, on peut répondre par un raisonnement de même ordre et au moins de même force : aucun autre animal supérieur réellement mort ne pouvant revenir à la vie, les animalcules dits ressuscitants ne sont pas entièrement morts pendant leur dessiccation, leur vie est latente; on peut dire qu'elle sommeille. Et comme en outre on est complétement impuissant pour expliquer, par une simple intervention des forces physico-chimiques, les phénomènes observés, cette question si intéressante et si curieuse des organismes inférieurs, dits ressuscitants, n'ébranle en rien l'existence d'un principe animateur dans les êtres vivants.

Nous avons insisté longuement sur des preuves auxquelles on a attaché une grande importance, et qui ont été produites pour combattre l'existence de l'âme humaine. Plus nous allons avancer dans l'exposé général de l'organisation, et plus nous nous éloignerons de la conception fantaisiste qui n'y voit qu'une machine naturelle. En poursuivant, en effet, notre étude au delà des phénomènes nutritifs et plastiques, nous trouverons cette conception dénuée de plus en plus de fondement.

L'homme a la faculté, comme propriété de son être, de communiquer avec le monde extérieur à l'aide des sens. Ces relations, qui constituent les phénomènes sensitifs, ont lieu non-seulement directement par le toucher et par le goût, qui est aussi une sorte de tact, mais encore à distance par l'odorat, par l'ouïe, et surtout par la vue, permettant de constater l'existence des choses à des distances rapprochées ou énormément éloignées par rapport à notre petitesse.

L'homme a des organes disposés pour recueillir ses impressions du dehors, et façonnés déjà dans ce but évident par le principe de la vie végétative; des nerfs par où s'opère la pénétration de ces impressions sensitives; et enfin des centres nerveux qui les recueillent. Il y a des sens, comme l'ouïe et la vue, dont l'exercice peut, à un certain degré, si l'on veut, s'expliquer par les lois physico-chimiques. L'œil, en effet, présente les conditions matérielles ou physiques d'une chambre noire; l'oreille, un conduit qui aboutit à une sorte de tambour dont les vibrations sont analogues à celles des membranes tendues[1]. Mais ce qui se passe dans les nerfs transmettant les impressions de leur point de départ corporel aux centres nerveux, où elles aboutissent, échappe à toute explication physico-chimique. Constatez qu'il se produit, dans tous ces actes, des mouvements moléculaires de la circonférence au centre, qu'il se développe, au moment des sensations, de la chaleur et de l'électricité au niveau des nerfs, et vous n'en saurez pas beaucoup plus sur la transmission instantanée de la sensation aux centres nerveux. Les sensations fournies par le tact, l'odorat et le goût sont tout entières des questions insolubles par la science matérialiste. Pourquoi le nerf optique a-t-il seul la

[1] On a trouvé que l'oreille interne présentait une organisation microscopique merveilleuse. M. le marquis Corti aurait découvert dans le *labyrinthe* une sorte d'instrument de musique, avec ses trois mille cordes tendues transmettant les vibrations aux filaments nerveux qui traversent l'organe. (TYNDALL, *le Son*, p. 352, traduction MOIGNO.)

propriété de transmettre la lumière? le nerf acoustique, les sons? le nerf olfactif, exclusivement les odeurs? Ce sont autant de mystères insolubles, autant de faits impalpables que la science ne peut cependant se refuser à admettre.

Il n'y a absolument que l'existence de l'âme qui puisse nous guider dans cette étude. Ce principe de la vie humaine, aussi réel, ai-je dit, que la pensée humaine qui anime la machine à vapeur en action, non-seulement préside à la formation plastique et à l'entretien, à la nutrition des organes, mais il donne à certains d'entre eux la faculté d'être impressionnés par l'existence des choses extérieures à l'homme. L'homme en a conscience en lui-même, il juge ces impressions, et il pense et agit suivant qu'il a jugé.

Cette pensée, ce jugement, cette volonté, réalités incontestables, sont cependant des immatérialités par excellence, comme les facultés spéciales des nerfs dont nous parlions tout à l'heure. En vain voudriez-vous les expliquer positivement par un mouvement interstitiel du cerveau, organe dans lequel se centralisent les perceptions. La physiologie matérielle la plus subtile de cet organe ne saurait arriver à montrer comment une impression, un ébranlement imprimé à la matière organique, peut se spiritualiser pour que le jugement, la volonté, la détermination, choses essentiellement abstraites, s'approprient la sensation et l'utilisent. Quelque mouvement et quelque force que vous donniez à la matière, a dit aussi Fénelon, on ne saurait concevoir qu'une pierre puisse se connaître elle-même. Et il ajoute, comme s'il assistait à la polémique matérialiste de nos jours : « Il faut, selon vous, qu'il y ait un certain degré de mouvement où la matière ne raisonne pas encore, et puis un autre où elle commence tout à coup à raisonner et à se connaître. Qui est-ce qui a su choisir ce degré précis de mouvement? Qui est-ce qui a découvert la ligne selon laquelle les parties doivent se mouvoir? En un mot, qui est-ce qui a trouvé toutes les combinaisons dans lesquelles la matière pense, et dont la moindre ne pourrait être retranchée sans que la matière cessât aussitôt de penser[1] ? »

La pensée résultant du mouvement du cerveau ne saurait donc se comprendre, et il faut admettre que le principe animateur du corps ne fait qu'un, au point de vue des fonctions, avec celui de l'intelligence humaine; il est par lui-même nécessairement actif, spiritualisant à son profit les sensations matérielles, et sentant qu'il a un moi, ou plutôt qu'il constitue un moi étranger à la matière. « Comment la matière, — a dit la Bruyère avec un grand sens, — peut-elle être le principe de ce qui la nie

---

[1] Fénelon : ouvrage cité, p. 33.

et l'exclut de son propre être ? Comment est-elle dans l'homme ce qui pense, c'est-à-dire ce qui est à l'homme même une conviction qu'il n'est point matière ? »

En opposition à ces vérités, qui me semblent aussi nettes que l'existence de la lumière, on a considéré l'intelligence humaine comme n'existant pas sans les sensations venues du dehors ; ces sensations la feraient naître et se développer graduellement[1]. Nous allons voir ce qu'il y a de vrai et de faux dans cette doctrine, où le cerveau est considéré comme l'unique origine de l'intelligence humaine.

Il est certain que c'est par l'intermédiaire du cerveau et de ses dépendances que se produisent les admirables phénomènes sensitifs et de fonctionnement intellectuel. C'est à travers lui, peut-on dire, que l'on juge les sensations perçues, que l'on sent son moi vivant et que l'on veut ; et c'est aussi de ce centre organique que sont transmis à toutes les parties du corps les mouvements qu'on leur commande d'exécuter. Le cerveau est donc l'organe nécessaire, indispensable, pour mettre l'être hu-

[1] Platon et bien après lui les philosophes du dix-septième siècle, Descartes, Malebranche, Leibnitz, etc., ont admis que les idées existaient de toutes pièces dans l'homme dès sa naissance, et qu'elles ne faisaient que se développer par l'expérience due à l'exercice des sens. Pour Locke au contraire, et surtout pour Condillac, tous les phénomènes psychiques proviendraient uniquement des sensations.

main en rapport avec notre monde extérieur et pour le lui faire connaître. Sans cet organe cérébral, il est clair que, pour l'homme vivant dans ce monde, ce rapport avec la matérialité de son entourage serait impossible, comme dans le cours d'un sommeil profond, je veux dire complet, pendant lequel le cerveau suspend manifestement son travail psychique sans que la vie cesse dans le corps [1].

Ce travail psychique, en quoi consiste-t-il réellement ? Résoudre cette question, ce serait déterminer l'origine des idées ; grand problème qui a passionné les philosophes et que nous n'avons pas à discuter ici, sans négliger toutefois d'en mettre en relief les particularités principales.

L'intelligence n'a pas d'autre origine que l'exercice des sens, disent les matérialistes, ces sens étant aussi essentiels pour produire les idées que l'existence d'un corps entrant en combinaison avec un autre corps. Cette comparaison de Büchner pêche par défaut de justesse d'une manière absolue ; car dans la combinaison chimique des deux corps, le produit est absolument différent des deux éléments *et les absorbe tous les deux;* tandis que les organes des sens en fonction qui concourent aux idées

---

[1] Büchner, qui considère l'âme comme le *résultat* de l'activité du cerveau, admet qu'elle n'existe plus pendant le sommeil ; mais il cherche à atténuer cette opinion hasardée en considérant le sommeil comme n'étant jamais complet.

restent intacts, de même que le centre nerveux qui reçoit les sensations.

Au lieu de voir dans le cerveau une sorte d'intendant matériel qui centralise les impressions sensorielles et qui les transmet pour être spiritualisées au principe directeur que l'on appelle l'âme, les matérialistes voient dans le cerveau un simple organe sécréteur de la pensée, comme le foie, suivant Vogt, sécrète la bile, et le rein l'urine (!). La cellule nerveuse, ébranlée par l'impression, se meut, et il en résulte l'idée ! Comme s'il était possible non pas de comprendre, mais même de concevoir qu'un corps matériel quelconque par son mouvement, ou même autrement, puisse produire l'esprit ! Et d'ailleurs, comme l'a fait observer avec raison M. Th. Henri-Martin, si le mouvement mécanique produisait la pensée, il n'y aurait que des phénomènes vrais et réguliers, sans les pensées fausses, sans les jugements et les raisonnements erronés. Il faudrait admettre que la mécanique cérébrale n'obéit pas toujours à des lois fixes [1] !

De ce faux point de départ mécanique, on s'est livré à des hypothèses sans nombre, sous forme d'affirmations données comme indiscutables [2]. Plus il y a de matière cérébrale, a-t-on dit, plus l'intel-

---

[1] *Les Sciences et la philosophie*, p. 89.
[2] Voir dans l'ouvrage cité de Buchner le chapitre ayant pour titre : *Cerveau et âme*.

ligence *doit* être grande et forte. Il *doit* en être de même de la forme et de la composition des éléments du cerveau, fonctionnant d'autant mieux qu'elles sont l'une et l'autre dans de meilleures conditions. A cette objection solide que des imbéciles peuvent avoir un organe cérébral plus volumineux ou mieux conformé qu'un homme intelligent, et qu'il y a des animaux dont le cerveau a un volume relativement bien supérieur à celui de l'homme [1], Büchner, oubliant l'importance qu'il a attribuée au volume du cerveau, répond que l'excès de ce volume peut être dû à de simples parties de l'organe qui président aux fonctions du mouvement et de la sensation. Voilà qu'il détruit lui-même ce qu'il a dit sur l'importance du volume de l'organe cérébral. Les matérialistes ont d'ailleurs multiplié leurs hypothèses et leurs affirmations à propos de l'exercice de l'intelligence humaine. Suivant eux, la composition de l'organe cérébral donnerait à ses fibres nerveuses des qualités *particulières*[2]. Les idées seraient plus facilement *sécrétées* chez l'adulte, parce que chez lui il y aurait *plus de graisse* dans les tubes nerveux de la substance cérébrale que

[1] On sait que le rat est l'animal dont le cerveau est le plus volumineux relativement au poids du corps.

[2] Suivant Valentin, la qualité des fibres nerveuses déciderait, avec leur quantité, de l'excellence des facultés intellectuelles ! (*Cours de physiologie.*)

chez l'enfant et le vieillard. Büchner cite en preuve de la diminution de la proportion de cette graisse du cerveau aux deux extrêmes de la vie, ce fait que *les vieilles gens tombent en enfance,* comme cela est arrivé à Newton, qui, « devenu vieux », s'occupait à lire les livres saints (!).

Beaucoup de graisse n'ayant pas paru suffisant pour expliquer la prétendue sécrétion des idées, on a recherché d'autres éléments plus actifs. De même qu'il a été dit que l'homme se spécialise matériellement, comme les animaux, par la combinaison de l'oxygène, de l'hydrogène, du carbone et de l'azote, de même le cerveau se spécialiserait, outre ces éléments, par son phosphore! Moleschott a été jusqu'à dire : « Sans phosphore, point de pensée. » Hypothèse plaisante, approuvée comme une vérité par Büchner, qui accuse les *crieurs* opposants d'ignorance scientifique! Faisons remarquer à ce propos que le matérialiste allemand, dans son désarroi, tombe à tout propos en contradiction avec lui-même. Il pose en principe absolu que l'intelligence est proportionnelle au volume de la masse cérébrale, et il reconnaît cependant qu'il y a des exceptions! Avec la même inconséquence, après avoir écrit qu'il n'y a ni cerveau sans pensée, ni pensée sans cerveau..., il n'a cependant pas la prétention, dit-il, « d'identifier *le moins du monde* les actes de l'esprit avec les phénomènes physico-chimiques », ce qu'il

cherche cependant à démontrer par tous les moyens...
Il refuse d'ailleurs avec dédain, ce qui est plus commode, de discuter sur ce sujet avec ses adversaires, qu'il accuse d'*ignorance,* tout simplement !

On n'en finirait pas si l'on voulait relever toutes les insuffisances du raisonnement matérialiste à propos de l'intelligence de l'homme considérée comme un produit de la matière. Il y a des affirmations qu'il suffit de rappeler pour en montrer l'inanité. Et, par exemple : la matière pouvant produire des effets prodigieux, même quand sa forme et sa composition sont moins complexes que celle du cerveau, *il est facile de se convaincre,* dit Büchner, « de la possibilité si souvent contestée, que l'âme *est le produit* d'une composition spécifique de la matière !... La locomotive, dans sa course mugissante, ne nous fait-elle pas quelquefois l'effet d'un être vivant, doué de raison et de réflexion ?... Cette comparaison, ajoute-t-il, *nous fait pressentir* l'idée de la formation de l'âme de combinaisons matérielles [1]. »

Ces sophismes dont paraissent, faute de mieux, se contenter les matérialistes, ne mériteraient pas une mention sérieuse, s'ils n'étaient reproduits et répandus partout avec une assurance qui finit par en imposer au vulgaire.

---

[1] Buchner : ouvrage cité, p. 214.

Il est vraiment puéril de chercher à faire dériver l'intelligence humaine du jeu ou des modifications fonctionnelles des cellules cérébrales. La science elle-même se charge de démontrer la fausseté de cette conception. Elle nous apprend qu'un corps matériel quelconque mis en action par une force physique ne peut produire qu'un phénomène physique. Or, l'idée abstraite ne peut être assimilée à un phénomène de ce genre; elle est donc étrangère à la matière et à ses lois. Supposez tous les mouvements imaginables dans les cellules cérébrales, et vous serez toujours impuissant à expliquer comment on se rappelle le souvenir d'un objet aimé. Comment pourrait se produire une impulsion qui ferait parler et écrire pour exprimer des sentiments d'affection ou de reconnaissance? Vous prétendez expliquer matériellement ces admirables phénomènes psychiques, sans pouvoir seulement trouver une différence entre la substance du cerveau d'un imbécile et celle du cerveau d'un homme de génie!

On ne saurait donc accepter cette fausse doctrine affirmant que les phénomènes végétatifs, sensitifs et intellectuels trouvent tous leur explication dans la matière et ses forces[1]. Ce qu'il y a de vrai, c'est

---

[1] M. Beaunis, en acceptant cette manière de voir, ne semble pas clairement convaincu. Il trouve en effet qu'en dehors des sensations, de la volonté et de l'intelligence, il y a encore *autre chose* qui est propre à la nature humaine. C'est ce qu'il appelle

l'importance des sensations sur le développement des idées, c'est le rôle nécessaire que joue alors le cerveau comme organe intermédiaire entre les sensations qu'il centralise et l'âme spirituelle.

On parle d'enchainements de phénomènes comme base essentielle du positivisme; qu'on les reconnaisse donc ici, au lieu d'admettre cette hypothèse qui les contredit formellement, à savoir : le cerveau peut produire des actes spirituels, par suite de combinaisons ou de modifications spécifiques de sa matière. Ce sont de vains mots, et rien de plus. C'est une exagération de doctrine à l'opposé de laquelle est celle des idées innées, toutes faites avant le développement de l'organisme. Il est clair qu'avant la naissance, l'être humain se développe en vue de sa vie sensitive et de son développement intellectuel, sous l'influence d'un principe animateur immatériel, et qu'en cet état il ne manifeste aucune trace d'idées intellectuelles. Rien de plus net que cette proposition. Il est évident encore que lorsque l'homme est né, il y a un développement graduel, par l'exercice de plus en plus complet des sens, des idées, et par suite, de l'intelligence telle qu'elle fonctionne sous nos yeux. Mais la vérité au sujet de

« du nom de *moralité* » qui a pour expression l'idée du devoir et la responsabilité individuelle, qu'il n'est pourtant guère permis d'isoler de l'intelligence. (Voyez la *Revue scientifique*, 1874, t. XIII, p. 699.)

l'origine des idées est dans un moyen terme que l'on trouve exprimé déjà chez les anciens, de même que l'on y trouve les deux opinions extrêmes du spiritualisme et du matérialisme absolus.

Ce moyen terme se trouve, en effet, dans Aristote et dans l'école théologique du moyen âge. Qu'on ne se récrie pas! la psychologie humaine n'a nulle part été aussi bien étudiée ni aussi logiquement jugée que dans ce foyer originaire de nos connaissances modernes; celles-ci en ont su profiter sans reconnaissance. Cette école, représentée par une des plus fortes intelligences qui aient existé, par saint Thomas d'Aquin, distingue dans l'âme humaine, observée dans notre monde, trois sortes de puissances de plus en plus élevées : d'abord les puissances végétatives; puis les puissances sensitives, qui l'emportent sur les précédentes; et enfin, les puissances intellectives, qui dominent les puissances sensitives, mais qui ont besoin du concours de ces dernières pour agir. A son origine chez l'homme, l'âme ne conçoit aucune idée; elle a la puissance de connaître tout ce qui est intelligible; elle possède en elle-même les germes spirituels qui, développés par les sens, seront les idées.

Sans pénétrer plus avant dans les questions ontologiques, nous nous contentons, pour l'intelligence de notre sujet, de rappeler ce qui précède comme paraissant être l'expression la plus simple et aussi la plus juste de ce que présente l'âme humaine au point de vue des sensations et de l'intellect. On y voit clairement exposé, sans les interminables phrases des philosophes opposants, le véritable rôle des sensations, qui n'est ni exagéré, ni amoindri.

Le matérialisme voulant expliquer le fonctionnement de l'intelligence, et rejetant les études psychologiques comme inutiles[1], s'est trouvé dans le plus grand embarras. A son point de vue, la première étape du fonctionnement intellectuel, la perception des sensations et la mémoire première de ces sensations, lui a paru s'expliquer par une action mécanique; prétention non justifiée, surtout en ce qui concerne la mémoire tout entière, à laquelle on a infligé la même théorie.

Il est certain que la plupart des données de la mémoire sont des sensations qui ont impressionné le cerveau, ou ses cellules, si l'on veut; mais cela ne saurait justifier les hypothèses basées sur les sensations et sur des séries de modifications successives produites sur les cellules cérébrales par les impressions. Tout, en effet, n'est pas sensation

---

[1] Auguste Comte a méprisé et rejeté totalement, comme un procédé sans utilité, l'observation psychologique proprement dite pour la faire rentrer, comme les matérialistes purs, dans la biologie. (Ouvrage cité.)

ravivée ou à l'état de repos dans la substance du cerveau, comme le pensait Gratiolet[1].

Dans le système mécanique des matérialistes, les impressions reçues resteraient fixées en réserve dans les cellules cérébrales, et constitueraient ainsi une « topographie » de détails sensitifs venus du dehors. Combien est incompréhensible et impossible cet emmagasinage, considéré simplement au point de vue matériel! Supposez le plus vaste cerveau humain que vous puissiez imaginer, jamais vous ne pourrez concevoir la topographie des sensations et des idées telle que l'ont rêvée les matérialistes. Grossissez outre mesure chaque cellule de l'organe réputée sensitive ou pensante; réduisez, au contraire, à l'extrême infimité ces impressions sensitives et ces idées, comme le ferait la photographie microscopique la plus fine, et jamais vous ne pourrez arriver à leur faire prendre place dans le cerveau, tant leur nombre est incommensurable. Cela serait d'autant plus chimérique que la partie de l'organe que l'on a dévolue à l'intelligence forme seulement l'écorce du cerveau, les parties centrales correspondant aux mouvements. Il faut aller chercher ces éléments de la mémoire au centre même de la puissance immatérielle qui spiritualise, pour les com-

---

[1] Voyez la critique très-juste que M. Paul Janet a faite de cette théorie vibratoire dans son livre : *Le cerveau et la pensée*, 1867, p. 151 et suiv.

prendre, les images venues du dehors; sans cela il est impossible de concevoir l'immensité des espaces occupés par la mémoire.

J'extrais d'une admirable analyse de la mémoire, faite par un professeur de rhétorique romain du quatrième siècle, le tableau suivant. L'auteur y parle d'abord des éléments de la mémoire :

« ... Ces images sans nombre qui y sont entrées par la porte des sens, et les pensées que ces images ont suggérées, pensées ajoutant, ôtant ou changeant à volonté quelque chose à ce que ces mêmes sens ont apporté; dans ce même dépôt, tout est ensemble et séparé : la lumière, les formes des corps et toutes les couleurs perçues, tous les sons, toutes les odeurs, toutes les saveurs, toutes les impressions agréables, indifférentes ou douloureuses du tact. La mémoire, dans son immensité incompréhensible, reçoit et classe dans ses immenses profondeurs ce dépôt de toutes ces sensations, toujours prêtes à comparaître en nous-même, et que nous pouvons appeler intellectuellement ou rejeter à volonté, comme les couleurs dans les ténèbres, sans que les autres sensations, comme les sons par exemple, viennent troubler la pensée s'emparant à volonté des couleurs, et ainsi de toutes les sensations précédemment perçues; dès qu'on le veut, on s'en souvient. L'immensité du ciel, la terre, les mers et tous les objets qu'ils renferment et qui ont pu frapper nos sens se présentent à notre esprit, de même que toutes les actions de notre vie avec le temps, le lieu où on les a faites, avec le souvenir des impressions alors reçues, et bien plus les actions que l'on connaît de la vie des autres. De ces images si multipliées des choses passées, on forme des idées nouvelles qui restent fixées aussi dans les replis les plus profonds de la mémoire. Il s'y accumule encore toutes les notions abstraites, scientifiques, littéraires, qui n'ont pu venir du dehors comme les images sensitives, mais qui ont pu être excitées indirectement par elles, et qui s'accumulent sans fin dans l'infini de la mémoire, aussi incompréhensible que l'infini de l'espace et celui du temps, car on conserve dans sa mémoire les opérations mêmes de la mémoire [1]. »

Comme tout acte de l'esprit, on le voit, la mémoire reste incompréhensible, et, en présence de son insondable étendue, toute topographie organique, simplement matérielle, est une erreur.

On voit que la métaphysique ne saurait être répudiée sans mutilation du raisonnement scientifique. Elle est indispensable pour faire comprendre ce qui est intelligible de l'intelligence elle-même, de la mémoire, de la volonté. Au contact de l'expé-

---

[1] L'auteur de cette magnifique analyse de la mémoire était alors devenu saint Augustin.

rimentation interprétée contre l'existence d'un principe immatériel, a dit avec justesse un éloquent professeur, que j'ai déjà cité [1], la métaphysique montre le sens trop étroit pour être vrai dans lequel se confinent les expérimentateurs. Il a montré « à quel prodigieux abaissement de la pensée entraîne la négation du moi » ou de l'unité vivante, dont il a fait ressortir la nécessité pour expliquer l'organisation humaine tout entière.

En pareille matière, la déviation des inductions mène fort loin. Ainsi, la matérialité d'origine des phénomènes intellectuels ne peut s'accommoder du libre arbitre chez l'homme; aussi, ce libre arbitre a-t-il été absolument nié par Moleschott. D'autres n'ont pas osé aller aussi loin en apparence, tout en provoquant forcément la même conclusion. Les uns et les autres prétendent que ce que l'on appelle le libre arbitre s'explique par le fonctionnement physique du cerveau. Voici comment.

L'homme a des centres nerveux où aboutissent toutes les sensations venues du dehors ou de l'intérieur de l'organisme, et ces sensations ou impressions provoquent dans ces centres des réactions en sens contraire, dont ils sont le point de départ. La sensation du pied se posant sur le sol pendant la

---

[1] Chauffard, *Le moi et l'unité vivante*. (*Correspondant* du 25 mai 1874.)

marche, par exemple, est perçue par la moelle épinière, qui réagit sans l'intervention nécessaire de la volonté sur les nerfs, faisant contracter les muscles qui produisent la marche et président à l'équilibration. C'est ce que la science a découvert et signalé dans les derniers temps sous la dénomination d'*actions réflexes* des centres nerveux. Les phénomènes réflexes de ce genre sont innombrables, et se passent dans trois centres nerveux principaux : la moelle épinière, l'encéphale, et les ganglions nerveux de ce que l'on a appelé le nerf grand sympathique, situé dans la profondeur du corps.

On a appliqué aux actes intellectuels cette théorie des actions réflexes spontanées et inconscientes, pour élaguer et supprimer l'âme agissante. En allant du simple au composé de ces actes, on a prétendu y trouver l'explication des déterminations de la volonté. Suivant Herzen, le libre arbitre serait ainsi lui-même sous la dépendance des actes réflexes, et la conséquence directe de la sensation perçue.

Tout acte *volontaire* dépendrait, dit-on, des influences qui déterminent l'homme à tout instant. Quelles sont ces influences? Büchner[1] va nous l'apprendre : « L'homme étant l'ouvrage de la nature, tout son être, ses actions, sa volonté, sa pensée et

---

[1] Ouvrage cité, p. 336.

ses sentiments sont *fatalement* soumis aux lois qui régissent l'univers. La conduite et les actions individuelles sont déterminées par les mœurs, le caractère du peuple dont on est membre, par les différences du sol. *Naturellement* on est probe, bienveillant ou violent, destructeur...; ou bien on a des dispositions acquises par l'éducation, l'exemple, etc., etc. Nos résolutions varient avec le baromètre, avec les dispositions corporelles... Les crimes les plus affreux ont été souvent provoqués, *sans la volonté de leurs auteurs,* par des dispositions corporelles anormales. Cotte attribue le plus grand nombre des crimes aux passions et à l'ignorance. L'homme instruit, dit-il, sait éviter les obstacles qui le gênent sans violer la loi; mais l'homme non cultivé *n'a d'autre moyen que le crime pour se tirer d'affaire; il est la victime de sa position...* La faiblesse d'esprit, l'indigence et le manque d'éducation sont les trois causes principales des crimes. *Les criminels* sont pour la plupart des malheureux plus dignes de pitié que de mépris. » (!!)

La rougeur ne vous monte-t-elle pas au front, lecteur, quand vous lisez ces affirmations subversives? Les conclusions en sont toutes simples : la société n'a aucun droit de se défendre ni de protéger les victimes, le crime étant seulement *un moyen de se tirer d'affaire.* Aussi, les partisans de ces « idées modernes » sont pour les mesures qui préviennent les crimes. Comme si de pareilles doctrines n'étaient pas faites pour les multiplier! « Ils repoussent avec horreur l'action qui peut *troubler l'ordre social* », mais « ils voudraient bannir cette *haine lâche* et irréconciliable que l'État a affichée pour le perturbateur jusqu'à nos jours ». Ils ne peuvent réprimer un sentiment de pitié pour ce malheureux [1].

Voilà où conduit le matérialisme! A la négation de toute moralité sociale ou privée et de toute autorité légale. Voilà l'abjection, voilà l'égout social où, par degrés, et de chute en chute, on en vient à descendre, en prenant simplement pour point de départ un double principe en apparence inoffensif, la matière et ses forces. En niant Dieu dans le monde, et l'âme dans l'homme, celui-ci devient un simple automate, pour qui le crime est une des nécessités naturelles. Devant les dangers incalculables qui résulteraient de la mise en pratique d'une semblable doctrine, Büchner prétend que *l'on feint avec intention* de les appréhender, mais que la société a des fondements plus solides, car elle repose « *sur les principes de nécessité et de réciprocité*[2] ». S'il y a feinte d'un côté, c'est bien,

---

[1] BUCHNER, ouvrage cité, p. 346.
[2] BUCHNER, ouvrage cité, pages 346 et 347.

certes, de celui où l'on semble se contenter de cette absurde raison de nécessité et de réciprocité, qu'il nous semble plus naturel d'abandonner aux animaux féroces.

Il n'est cependant pas besoin de beaucoup de phrases pour démontrer l'existence du libre arbitre. L'homme peut éviter de marcher et de se livrer à des actes volontaires variés, mais il ne saurait, dans l'état de veille, s'empêcher de penser. La pensée vient souvent, en effet, d'une manière spontanée, sans être provoquée par une impression extérieure; la pensée venue, qu'elle soit spontanée ou provoquée, je suis libre de faire ou de ne pas faire ce qu'elle me suggère. Je sens que je suis le juge, l'arbitre — le mot est excellent — de la détermination à prendre. Ainsi donc, entre la sensation ou la pensée spontanée et l'action réactive qui succède, il se rencontre une force intermédiaire dont on a conscience, qui a une puissance de direction indéniable, et qui est soumise à la volonté, parfaitement libre de se déterminer dans un sens ou dans l'autre. Cette simple remarque suffit pour obliger absolument à considérer le libre arbitre comme une manifestation intellectuelle, volontaire, et par conséquent indépendante.

Concluons que l'homme, en tant que machine animée, ne se peut comprendre comme régi par les seules forces physico-chimiques considérées comme principe-moteur. La belle découverte moderne de la transformation de la chaleur en mouvement, et les synthèses chimiques d'éléments organiques, ont pu faire croire possible un jour l'explication naturelle de tous les phénomènes vitaux par la physique et la chimie. Mais c'est une illusion ; nous croyons l'avoir suffisamment démontré. Il faut de toute nécessité admettre que le corps humain porte en lui-même un principe immatériel de vie, indépendant de ces forces physico-chimiques de la matière, principe rendu indirectement manifeste par la mort. Rien ne peut contredire sérieusement cette vérité que l'âme se sépare alors du corps. Le cadavre n'est plus le même corps complet que pendant l'existence. Il manque à cette matière si bien organisée la cause qui faisait que tout était mouvement incessant pendant la vie, jusque dans les plus petits et les plus profonds recoins de ce corps, tandis que, par la mort, il est pénétré d'inertie. Cette cause du mouvement vital ne peut être que la partie non matérielle de l'homme : son âme. Et cette âme étant hors de l'atteinte des autres hommes vivants, il nous est impossible de rendre à ce corps mort cette vie qui l'infiltrait tout entier, lorsqu'il marchait parmi nous.

CHAPITRE VI

INTELLIGENCE ET POUVOIR DE L'HOMME.

L'homme dans l'univers.

I. — Puissance de l'homme. — Spécialité de son intelligence pour l'acquisition progressive des connaissances scientifiques. — Moyens d'action de son intelligence dans la parole et l'écriture. — Spécialité puissante de la main, instrument indispensable aux conquêtes scientifiques, artistiques et industrielles.

II. — Impuissance et sujétion de l'homme. — Son infirmité intellectuelle pour acquérir la science tout entière. — Impossibilité de connaître complètement une seule question scientifique. — OEuvres humaines imparfaites. — L'homme sans action sur l'évolution de sa vie. — Il est prisonnier sur la terre.

III. — Ce qui fait l'homme vraiment grand.

Vu de la terre, l'univers appréciable à nos sens a une ampleur, une majesté, une magnificence qui élèvent l'âme. Trop souvent, l'homme en détourne volontairement son regard et sa pensée. Par un retour sur lui-même, il se complaît en soi, s'admire avant tout, et, se voyant la créature la plus parfaite de ce monde visible, sa vanité trouve que cela est juste ; et il se considère comme le roi du monde.

Dominer ce monde! telle a été, il y a déjà bien des siècles, sa prétention orgueilleuse; telle est toujours, et de notre temps surtout, son aspiration : aspiration devenue ardente, fiévreuse, et dont le but constitue ce que l'on est convenu d'appeler *le progrès*.

Il est certain qu'au-dessus des êtres vivants de notre globe, l'homme occupe, avons-nous dit, une place souveraine. Et cette suprématie sur les animaux qui l'entourent est si nettement élevée et distante au-dessus d'eux, qu'on ne saurait comprendre l'illogisme qui classe l'homme comme un simple genre animal, même placé en tête de l'échelle des êtres vivants, confondus en un seul ensemble.

Envisagés dans leur matérialité, l'homme et l'animal placé assez haut dans l'échelle zoologique ont, il est vrai, une certaine ressemblance au premier aspect. Ils ont l'un et l'autre un corps se transportant d'un lieu dans un autre; des organes de mouvement analogues; un nombre de sens identique les met en communication avec les objets extérieurs de la même manière; une vie organique fonctionnant de la même façon pour la nutrition et la conservation du corps. Il y a jusque-là une analogie évidente. Il semble que la seule différence soit dans la forme extérieure de l'organisme. Mais si l'on va au delà de ces analogies inférieures, si, dans la recherche et la constatation des faits appréciables, on pousse plus avant les investigations, une dissemblance profonde apparaît.

Tandis que les animaux ont une vie tout automatique, toujours la même dans chaque espèce, depuis des milliers d'années, et n'ont d'instincts que pour les appétits et les déterminations qui leur font faire ce qu'il faut pour vivre, se perpétuer, en évitant ce qui pourrait leur nuire, l'homme a manifestement une destinée supérieure : outre ces instincts d'animalité, il a un degré d'intelligence consciente, absente chez les animaux, et qui fait de lui le roi de la terre. Nous allons tâcher d'apprécier à sa juste valeur la puissance de ce roi intelligent. Nous en signalerons ensuite la faiblesse et l'impuissance, pour montrer en dernier lieu sa vraie grandeur.

I

Dans son activité, même la plus simple, l'intelligence humaine diffère d'une manière fondamentale de celle des animaux. Elle en diffère surtout par les connaissances supérieures qu'elle peut posséder. Le nombre et la forme des corps matériels perçus par la vue ne suscitent chez les animaux rien qui ressemble aux connaissances scientifiques formulées par l'homme sur les nombres et sur les formes de ces corps. Ces connaissances arithmétiques et géométriques peuvent être considérées, avec la connaissance du temps, comme la base de la science qui a la matière pour objet, ainsi qu'on l'a fait remarquer.

Dans son expansion de pensée, un des attributs les plus merveilleux de son être, l'homme peut non-seulement connaître et juger les choses qui sont en dehors de lui, mais encore rechercher leur nature, leur raison d'existence, en étudiant la matière en elle-même, en analysant et isolant ses éléments, et en découvrant les lois physiques et chimiques auxquelles elle obéit. Il peut aussi modifier les combinaisons des éléments matériels et les utiliser à son profit, en les mettant dans des conditions voulues et souvent nouvelles.

Sa puissance intellectuelle s'exerçant ainsi sur la matérialité du globe terrestre, de la composition duquel il a connaissance, s'étend au delà des corps sur lesquels son action directe est incontestable. Son esprit saisit et découvre des rapports toujours nouveaux entre les choses, non-seulement dans un seul groupe scientifique de connaissances acquises, mais encore dans l'ensemble de toutes les sciences, l'une servant au progrès de l'autre. Les sciences mathématiques, de simples d'abord, sont devenues transcendantes, et, après avoir été déduites des choses du globe terrestre, ont servi à fonder l'astronomie. La statique des objets matériels a révélé la statique universelle des mondes ; et l'intelligence humaine, après avoir découvert, par une patiente analyse, les éléments des corps terrestres, en est venue à reconnaître les éléments du soleil et d'autres astres, malgré leur énorme éloignement de la terre [1].

Grâce à cette intelligence spécifique, l'homme a pu aussi étudier les êtres vivants de la vie végétative ou de la vie animale. Il a pu, en outre, s'étudier lui-même et chercher à se connaître : son corps mort, conservant son admirable organisation matérielle, a été l'objet d'investigations de plus en plus intimes qui l'ont amené progressivement à connaître la conformation, les rapports et l'usage de la plupart de ses organes. Non-seulement il a étudié cette conformation à l'œil nu, mais il a su donner à son œil une puissance visuelle supérieure à la vue simple, en l'armant d'instruments grossissants, qui lui ont fait voir, dans l'intimité des organes, des éléments jusque-là inconnus et infiniment petits [2].

---

[1] Voyez au chapitre II, p. 36 (note).

[2] Parmi ces instruments d'optique, les uns, les télescopes, permettent de distinguer, dans la profondeur des espaces cé-

Il en est de tellement infimes dans leur petitesse qu'on les aperçoit seulement avec un grossissement de 600 à 800 fois leur volume; et alors même, ils apparaissent à l'œil émerveillé de l'observateur comme des corps si minimes, que l'imagination ne saurait se faire une idée nette de leur volume réel, par rapport à l'organe qui les présente.

S'il considère son organisation dans son ensemble ou dans ses particularités, à la simple vue ou avec l'œil armé du microscope, l'homme y constate une régularité de formes si remarquable, une convenance si parfaite des organes entre eux, une adaptation tellement bien appropriée de chaque organe à sa fonction, enfin un tout si harmonieux dans sa règle et si complet dans son ensemble et dans ses détails, que sa pensée se reporte nécessairement vers l'intelligence créatrice de ce chef-d'œuvre d'organisation, chef-d'œuvre qui va se répétant à l'infini dans le temps et chez des milliards d'hommes, avec la même perfection.

Il s'agit là uniquement de l'organisation de l'homme cadavre; mais l'homme vivant, qui a le pouvoir de constater ces merveilles matérielles comme ne le peut faire aucun animal, si haut placé qu'il soit dans l'échelle des êtres, l'homme vivant

---

lestes, des astres dont on ne pouvait soupçonner l'existence; les autres, les microscopes, ont rendu visible la trame invisible à l'œil nu des corps organisés.

peut rechercher et connaître en partie comment cette machine humaine, inerte par la mort, fonctionne pendant sa vie. Il a formulé par cette étude la science de l'homme vivant dite *physiologie humaine*, comme il a formulé l'*anatomie* de sa matérialité corporelle. Expérimentant sur les animaux vivants, il s'est éclairé, et il s'instruit tous les jours, par comparaison, sur la destination et le jeu des organes pendant la vie.

Il sait par quelles voies matérielles se transmettent aux centres nerveux de perception les impressions diverses venant du dehors ; par quel nerf l'œil a la perception de la forme, de la couleur et de la distance relative des objets extérieurs ; par quels cordons nerveux spéciaux sont transmis, jusqu'à leur centre de perception organique, les sons et les bruits extérieurs, les émanations odorantes des corps, les perceptions du tact, les saveurs du goût.

Il a pu par lui-même se rendre compte des conditions mécaniques des mouvements généraux et de la statique des organes ; de la manière dont s'opèrent le développement matériel et la conservation du corps humain vivant, par la digestion, la circulation et les autres fonctions nutritives. A ces constatations déjà si considérables, il a le pouvoir d'ajouter journellement, à l'aide d'une observation bien faite et d'une expérimentation réservée, des constatations nouvelles qui le font avancer dans la connaissance de son être vivant et agissant.

Cette puissance de l'homme, au point de vue de la connaissance de son corps vivant ou de son individu matériel, a été plus loin encore. Il a pu analyser dans leur expression, mais dans leur expression seulement, à l'aide de cette métaphysique si méprisée par les positivistes, les phénomènes mystérieux de la pensée, reconnaître en lui un principe animateur dont sans doute il ne saurait comprendre l'essence, mais qu'il sent qu'il porte en lui-même ; ce principe dirige ses actes, et il est en même temps le foyer du libre arbitre qui règle ses déterminations morales. Par-dessus tout, ce principe expliquant seul l'harmonie de la vie humaine et la puissance intellectuelle de l'homme, comme nous l'avons vu précédemment, lui donne la connaissance de Dieu[1], auquel il doit rendre hommage, et qu'il ne répudie sérieusement que lorsqu'il veut être libre de s'abandonner à son orgueil ou à ses passions.

Comme cette intelligence humaine a été richement dotée! Quels admirables moyens elle a pour s'exercer! Elle a d'abord pour ministres agissants la parole et l'écriture. Spontanément, ou comme conséquence des sensations et de la mémoire, ce

---

[1] Voyez le chapitre III.

que pense l'homme peut être abstrait en dehors des corps matériels; et, merveille incomparable! il lui est permis de transmettre par la parole ces abstractions à dix, à cent, à mille autres hommes qui l'écoutent et qui en viennent à penser eux-mêmes les mêmes abstractions, avec la rapidité de la perception de la parole. Il y a plus : l'homme, au lieu de parler sa pensée, suivant une belle expression bien connue, à des hommes présents, peut la transmettre à des absents par l'écriture, et plus encore, dans l'avenir des temps, à des générations d'hommes qui ne sont pas encore nés. Cette pensée, fixée par l'écriture, peut à la rigueur arriver jusqu'à la dernière limite des siècles. Quel admirable pouvoir! Avec quelle fécondité l'intelligence humaine peut aussi produire des œuvres littéraires, ce raffinement de l'esprit, dont l'influence salutaire ou délétère sur le moral des populations est si considérable!

C'est par cette parole et par ces écrits que parmi nous les sciences, ces parcelles connues de la science universelle, chaque jour envahie, suivent leur incessant progrès. Cependant, ni les préceptes, ni les signes tracés, n'auraient suffi pour la constitution des sciences, si l'esprit humain n'avait eu un instrument docile dont l'adresse, asservie à sa volonté, exécute les actes extérieurs les plus variés qu'il commande. Cet instrument, cet outil des plus précieux, c'est la main de l'homme.

C'est une puérilité scientifique que de signaler la main du singe comme pouvant exécuter beaucoup d'actes semblables à ceux de l'homme, et certains autres mouvements que l'on prétend même plus parfaits que ceux dus à la main humaine. On a beau exalter l'industrie animale, pourtant si bornée et si automatique dans la longueur des siècles, elle n'est rien en réalité en présence de l'industrie humaine.

L'homme, en effet, a une puissance industrieuse incomparable, parce qu'elle est dirigée par son intelligence créatrice à ce point de vue. Et ce qui fait la suprême originalité de cette puissance, si différente de l'instinct automatique des animaux, c'est qu'elle s'étend à toute la matière à sa portée, et jusqu'aux forces naturelles qui agissent sur cette matière. Il met cette matière et les forces dans des conditions que son intelligence a pu connaître et étudier, pour produire des effets ou des corps nouveaux. Il adapte cette matière et ces forces à ses besoins, pour se préserver des influences extérieures nuisibles, se défendre contre les dangers qui le menacent, et pour imaginer des milliers d'objets et d'ustensiles plus ou moins utiles à son bien-être.

A ces divers points de vue, le travail de l'homme a été prodigieux depuis l'époque où il taillait et façonnait le silex et les os d'animaux en armes offensives et de défense, jusqu'à la période moderne de l'industrie.

Constater comment la main de l'homme exécute tous les jours les actes et les œuvres que son intelligence commande et dirige, ce serait embrasser toutes les conquêtes artistiques et industrielles de l'humanité. S'il n'avait cette main pour fixer par l'écriture ses pensées scientifiques, pour rapprocher, diriger et combiner les corps dans un but voulu, ou pour arriver à une constatation cherchée, l'homme resterait impuissant pour acquérir la science.

Cette main, guidée par la pensée et le sentiment, est l'instrument indispensable aux arts du dessin, de la peinture, de la sculpture, de la construction des monuments. Il en est de même de la musique, pour l'expression de laquelle l'esprit humain a inventé les instruments les plus variés, et les signes écrits qui peuvent exprimer l'enchaînement mélodique, l'harmonie des sons et le rhythme voulus. Dans toutes ces œuvres artistiques, la science est mise à contribution, et elle y apporte un contingent qui est employé avec avantage.

Enfin, l'industrie humaine utilise tout cet ensemble scientifique et artistique.

La puissance intellectuelle de l'homme mettant en œuvre la matière est, on le voit, chose prodigieuse. Bien mieux que les cent bras du Briarée de la sable, la main humaine multiplie son intervention en dehors d'elle-même en façonnant des outils spéciaux, des machines plus ou moins compliquées, plus ou moins puissantes. L'action définitive de ces machines, résultant d'une multitude d'actions secondaires qui s'enchaînent les unes aux autres, conduit à des résultats qui émerveillent quand on suit l'enchaînement des rouages qui y concourent, sous l'impulsion première de la force motrice.

Quelle preuve particulière de puissance intellectuelle dans l'utilisation des forces motrices! Depuis l'emploi de la force d'impulsion du vent, de celle de l'eau, de la force de pesanteur, l'homme a trouvé dans la chaleur et dans l'électricité des sources inépuisables et par conséquent toujours aussi puissantes de force motrice.

Comment pourrions-nous énumérer toutes les grandeurs de l'industrie moderne? On ne saurait en donner qu'une bien faible idée. L'homme extrait des entrailles de la terre toutes les matières utilisables : les métaux les plus variés, qu'il sait isoler de leur gangue informe pour confectionner avec eux des outils, des armes, des bijoux et mille objets usuels; les matériaux de ses habitations, de ses objets d'art, et de splendides monuments. Il exploite à son profit, en la modifiant par son travail, la surface de la terre. Il applique son intelligence à modifier le sol aride. Par son labeur persévérant, creusant la terre, y établissant des troupeaux, l'imprégnant d'engrais vivifiants, « *la solitude fleurit* ». Les cours d'eau, outre qu'ils lui servent à cette fertilisation du sol, sont employés comme force motrice, comme voies de transport, et par une dérivation savante, comme des artères nourricières pour les grandes cités. L'homme jette sur les fleuves des ponts dont la hardiesse, sans leur réussite, semblerait insensée. Il sillonne le sol de routes qui facilitent le parcours de sa surface, ou qui transpercent de hautes montagnes; et, toujours impatient de conquêtes sur l'espace et sur le temps, il fixe des cordons de fer à la terre pour y faire rouler, avec la rapidité du vent, des locomotives savamment imaginées, entraînant après elles, dans leur course presque furieuse, tout un monde d'hommes et de choses. Sa pensée écrite, et même son écriture, ont pu être transportées plus vite encore à des distances prodigieuses, presque instantanément, par des fils métalliques immobiles et non interrompus, isolés sur le sol ou plongés dans l'Océan d'un continent à un autre, continent situé dans un autre hémisphère. Ces vastes mers, avec quelle puissance intelligente l'homme les exploite et les parcourt! Partout, en un mot, sur la terre, on trouve ce pouvoir intellectuel humain appliqué à toutes choses. Et cependant nous n'avons rien dit de l'utilisation prodigieuse que l'homme fait à son avantage des végétaux et des animaux, notamment pour son alimentation : elle est de tous les instants, dans tous les pays habités.

Même en dehors de la terre, l'homme exploite à son profit l'atmosphère. Il tire parti de l'air qui l'entoure, de sa raréfaction ou de sa condensation, de son poids, de son élasticité, de l'humidité qu'il contient, des éléments qui le composent et surtout de l'oxygène, constituant par excellence l'aliment de toute combustion. Il y recueille la lumière qui va jusqu'à lui servir à reconnaître, comme nous l'avons montré précédemment, la composition matérielle et métallique de certains astres. Enfin, en inventant les aérostats, il a pu s'élever plus ou moins haut dans l'atmosphère et s'y laisser transporter par le vent ; et récemment il a pu, avec des réserves d'oxygène, s'y élever davantage, — mais non sans danger, — en remédiant ainsi à la diminution de cet élément dans l'air de plus en plus raréfié.

Selon le positivisme, le principe de la puissance de l'homme serait simplement dans cette aptitude intellectuelle qui lui fait découvrir incessamment par la science les secrets de la nature matérielle, et les lui fait utiliser à son profit. Aussi, le positiviste en a-t-il conclu que la grandeur de cette puissance humaine, se montrant chaque jour créatrice, serait nécessairement de l'homme le dominateur absolu de notre monde ! Condorcet avait aussi cette visée orgueilleuse, lorsqu'il prétendait qu'un jour la philosophie révélerait à l'homme le secret de ne pas mourir. Cette aspiration insensée, avec des variantes, est, d'ailleurs, des plus anciennes, puisque Varron, dans sa philosophie, arrive sans difficulté jusqu'au nombre de deux cent quatre-vingt-huit sectes ayant pour but d'atteindre le souverain bien dans cette vie, et d'éviter le souverain mal.

Je viens d'essayer de donner une idée de l'homme en puissance, dominant la matière et l'animalité. Il va me suffire de le montrer dans son impuissance pour faire crouler l'avenir fantastique du futur pouvoir absolu qu'on lui prête.

II

On ne saurait concevoir la possibilité de cette puissance humaine excessive, prédite pour l'avenir. Même en écartant, des prédictions faites dans ce sens, l'absurdité de celles qui vont jusqu'à signaler l'homme futur comme maître tout-puissant de la maladie et de la mort, on trouve, dans les autres prédictions, des exagérations presque aussi singulières. Ce qu'il y a de vrai, c'est que, malgré sa grandeur incontestable et incontestée, l'intelligence humaine montre son infirmité dans une foule de choses.

D'abord, il ne découvre que péniblement, et par un labeur séculaire de l'humanité tout entière, les notions scientifiques qui font son orgueil. Et cependant, de chaque fait nouvellement découvert pullule en quelque sorte une foule de connaissances et d'applications nouvelles. La science universelle complète et parfaite comprend, comme nous l'avons dit, l'univers dans son ensemble, avec une immutabilité persistante depuis des milliers d'années, et se donne incessamment en pâture à nos aspirations. Néanmoins notre intelligence, avec sa puissance limitée, n'en peut découvrir que des parcelles.

Grande fut la joie des savants lorsque la loi de la gravitation universelle fut découverte. Je dis découverte, car dans leur course prodigieuse, les astres, et les planètes comme notre globe, roulaient sur eux-mêmes dans un admirable équilibre, et opéraient leurs mouvements réguliers et non interrompus depuis des milliers d'années. Comme toutes les conquêtes scientifiques de l'esprit humain, c'était un fait réel, jusque-là mystérieux et caché. Aussi, l'homme, loin de s'enorgueillir de cette constatation, devrait être humilié de ne l'avoir pas opérée plus tôt. Son intelligence, si manifestement grande, s'exerce dans le temps et dans l'espace avec une autorité qui lui donne le vertige, en le poussant à se considérer comme le roi futur du monde ; et cependant cette intelligence est assez infirme, assez inconsistante pour avoir ignoré, pendant des milliers d'années, la loi physique de cette gravitation des astres.

Et remarquez que toujours un seul homme trouve chacune des découvertes faites, bien que la même eût pu se révéler à des millions d'hommes intelligents. Les chercheurs heureux sont dits en pareils cas les *génies* de l'humanité, et eux seuls, ce qui est bien peu, auraient le droit d'être fiers de leurs constatations. On ne saurait donc dire avec le positiviste Comte : « Les cieux ne racontent plus la gloire de Dieu ; ils ne racontent que la gloire de Newton et de Laplace. »

D'autres causes radicales d'infirmité de l'intelligence de l'homme lui démontrent que les découvertes scientifiques accumulées dans le cours des siècles ne pourront jamais, malgré les prétentions des plus fiers humains, faire arriver l'humanité à l'âge d'or rêvé par eux. A ce point de vue, la prétendue perfection indéfiniment ascendante de l'humanité est une chimère.

Aux points de vue scientifique et industriel, l'intellect de l'homme est individuellement si insuffisant dans sa puissance, que d'abord il ne peut, même par le travail persévérant de toute une vie, embrasser l'ensemble des connaissances humaines.

Il n'y a pas un seul homme, un seul, pouvant connaître parfaitement toutes choses. On a vu des intelligences plus ou moins encyclopédiques, mais jamais complètes à ce point de vue. Il y a plus : les ouvrages médités qui portent le nom d'*Encyclopédies* et sont l'œuvre multiple de bien des savants sont eux-mêmes de simples abrégés restreints et très-incomplets des connaissances humaines, plutôt, en un mot, des esquisses superficielles que des tableaux achevés.

Non-seulement cette intelligence des choses est bornée dans l'ensemble, mais elle l'est même dans le détail. Il n'est pas une science particulière, l'homme se livrât-il pendant une longue vie à son étude, il n'est pas même une question de cette science qu'il puisse embrasser dans tous ses aboutissants et dans tous ses rapports. Dans chaque limitation de ce genre il y a toujours des impasses qu'on ne peut dépasser, ou un horizon impossible à atteindre. De là, l'imperfection fréquemment renouvelée d'une foule de principes scientifiques que l'on croit être le chemin conduisant à un but désiré, et qui n'aboutissent souvent pas.

La conséquence forcée à tirer de l'impossibilité d'embrasser complétement toutes les connaissances, même seulement celles qui sont acquises à la science humaine, c'est que la spécialité d'études dans les sciences, et même dans les parties d'une science, est la règle. Il faut que l'homme en prenne son parti et s'y soumette, dans le présent comme dans l'avenir. Tout en admirant les fortes têtes prétendant avoir acquis la science universelle, on ne saurait accepter que ces intelligences possèdent à un degré suffisant de perfection toutes les parties de l'ensemble scientifique humain. Il est certain même qu'en dédaignant et en considérant comme inutiles certains groupes de connaissances réelles, ils abdiquent, en réalité, cette suprématie encyclopédique qu'ils se décernent à eux-mêmes.

Il est impossible, dans de semblables conditions, de concevoir la suprématie absolue de l'homme par la science dans l'avenir du monde. Nous allons voir qu'il est aussi impossible de concevoir cette suprématie par son industrie, si parfaite qu'on la puisse supposer. Que voit-on, en effet, si l'on examine les œuvres humaines? Elles ont d'abord un caractère général important à signaler.

Lorsque l'homme, toujours travaillé par son inquiétude chercheuse, torture la matière pour lui donner des formes nouvelles, afin de l'appliquer à de nouveaux usages, en ajoutant des beautés artistiques dont il peut être fier aux beautés naturelles du monde, il ne produit que des œuvres imparfaites et éphémères, en présence des beautés grandioses et durables de l'univers. En faisant servir à mouvoir ses machines une force naturelle, la pesanteur, la chaleur, l'électricité, l'élasticité, etc., l'homme est impuissant à donner à ses œuvres la pérennité que présente l'ensemble de l'univers. Cela tient à ce que son intelligence est subordonnée, à ce qu'elle n'est créatrice qu'en utilisant la matière et les forces physiques mises à sa disposition, mais dont il lui serait impossible de modifier les lois naturelles. Il s'arrête radicalement impuissant devant la formation d'un végétal ou même d'une simple graine, et surtout d'un animal même des plus simples.

Quelque soignées qu'elles soient, les œuvres humaines portent le cachet de l'imperfection la plus manifeste. Si l'on examine, à l'aide d'un verre grossissant ou d'un microscope, les œuvres humaines les plus fines, l'or le plus pur, façonné artistiquement en bijoux délicats, révèle alors les rudes et abruptes traces du moule ou de la lime. Le tranchant du plus fin rasoir devient une scie hideuse par ses irrégularités; l'étoffe la plus finement tissée, un canevas des plus grossiers.

La plus petite des œuvres naturelles vivantes porte, au contraire, l'empreinte de la perfection, et cette perfection existe aussi bien dans les infiniment petits, à quelque grossissement qu'on les découvre, que dans les corps infiniment grands.

Si l'on compare à certains appareils vivants dont jouissent les animaux des appareils analogues inventés par le génie humain et qui lui sont d'une utilité scientifique remarquable, la dissemblance est des plus profondes. Voyez la chambre noire à laquelle on a comparé l'œil ; cet organe constitue, en effet, une cavité obscure, percée d'une ouverture par laquelle pénètrent les rayons lumineux qui s'y impriment avec rapidité. Pour obtenir, dans la chambre noire ou avec une longue-vue, la netteté des images, on doit allonger ou raccourcir plus ou moins péniblement l'espace de concentration des rayons, pour voir nettement chacun des objets à des distances différentes. Dans l'œil humain vivant, cette accommodation se fait, au contraire, d'une manière si rapide et si parfaite qu'elle est vraiment merveilleuse. D'abord, l'ouverture oculaire ou pupille, qui donne entrée à la lumière, se resserre ou se dilate spontanément suivant la vivacité ou l'obtusion des sensations optiques ; de plus, une contraction vivante d'un petit muscle, dont on doit la connaissance à la science moderne, resserre plus ou moins, par ses bords, la lentille oculaire, le cristallin, et l'accommode pour la perception nette de chaque objet.

Cette accommodation de l'œil à la distance si variée des objets se fait si rapidement, quand on regarde successivement des corps placés à des distances différentes, qu'on ne s'aperçoit pas du changement continuel qui survient spontanément dans le globe oculaire pour la mise au point de vision le plus favorable.

Toute œuvre humaine subit, en outre, la triste épreuve du temps et porte le cachet de la fragilité et de l'usure. Les produits même les plus élevés de l'intelligence de l'homme représentant l'idée exprimée par l'écriture, et qui semblent devoir échapper à cet anéantissement, subissent aussi l'épreuve des années. Ces œuvres conservées d'abord et gardées avec une constante sollicitude en manuscrits d'autant plus précieux qu'ils sont souvent impossibles à remplacer; ces œuvres ont une existence si précaire qu'il suffit d'une paille enflammée pour les détruire. Qu'est devenue la fameuse bibliothèque d'Alexandrie, où tant d'œuvres humaines ont été anéanties à jamais par le feu?

Pour conserver les œuvres écrites, en les reproduisant, il faut y veiller avec un scrupule religieux, comme les Juifs l'ont fait pour les livres bibliques, afin que la pensée exprimée ne subisse aucune altération. Et s'il s'agit de traduire l'écrit en une autre langue que celle dans laquelle il a été produit, quelles difficultés surgissent! Soixante-dix rabbins des plus savants ne sont pas jugés inutiles quand il s'agit de la reconstruction des livres saints, et de leur traduction de l'hébreu en grec. Pour des œuvres moins importantes que cette œuvre des Septante, ne voyons-nous pas des traductions se multiplier continuellement avec le temps, les précédentes étant trouvées insuffisantes? Il a fallu aller jusqu'à faire une science de l'étude des textes anciens.

Il est vrai que la multiplicité de ces œuvres par milliers, au moyen de l'imprimerie, semble, au premier abord, donner à la pensée écrite une pérennité absolue, en la conservant dans la plus grande longueur des siècles futurs. Dans ces impressions multipliées, où l'idée exprimée se cristallise matériellement pour ainsi dire, on ne peut cependant voir qu'un plus grand nombre de copies de l'ouvrage primitif. Ces copies, d'une part, peuvent disparaître ou se perdre par vétusté ou par oubli, comme le montrent les livres les plus rares, ou bien elles s'altèrent par la reproduction imprimée, malgré les laborieuses attentions des érudits.

Ainsi, toute œuvre de l'homme s'use ou se perd. Qu'il regarde en dehors de ses œuvres, et il verra partout autour de lui le cours naturel des choses suivre, au contraire, un ordre immuable et parfait. Ces choses créées en dehors de l'homme suivent leur destinée uniforme. Partout elles finissent; mais aussi, partout elles se renouvellent régulièrement et avec une perfection toujours jeune. Les végétaux poussent, se développent graduellement; les feuilles s'épanouissent comme les fleurs, toujours fraîches et nouvelles à chaque printemps. Chaque végétal meurt, mais après en avoir engendré une multitude de semblables à lui. Les animaux ont aussi leur uniformité d'existence et de reproduction inimitables dans les œuvres de l'homme. Enfin, les lois physiques obéissent toujours de même avec perfection à la puissance qui les sollicite et les met en jeu. Rien donc ne change dans l'harmonie perpétuelle de la nature, parce que l'impulsion lui a été donnée par le Créateur indéniable de toutes les puissances et de toutes les activités secondaires, parmi lesquelles est l'homme lui-même. Le Créateur semble avoir voulu lui démontrer qu'il n'a pas la perfection corporelle, en plaçant près de lui des animaux qui ont séparément des sens bien plus exquis que les siens : l'aigle, par sa vue perçante, le chien, par son odorat, et bien d'autres animaux encore, en sont des preuves évidentes.

On ne saurait, quoi qu'on fasse, nier la sujétion de l'homme et de l'humanité tout entière, par conséquent. Les preuves abondent partout à l'encontre de sa prétendue puissance indéfinie. Non, l'homme n'est pas le vrai souverain du monde situé en dehors de lui; il ne peut même être maître de son propre corps. Il a d'abord en lui une puissance dominante à laquelle il ne saurait échapper. Cette puissance dirige une foule de ses actes et même de ses pensées. Il ne peut ni comprendre ni empêcher l'action immédiate de cette force intime qui préside, en outre, à la forme de son corps et qui la maintient incessamment dans les mêmes limites, qu'elles soient régulières ou incorrectes. Il avance dans la vie et vieillit malgré lui ; malgré sa volonté ou son désir de vivre, il meurt et disparait de la scène du monde.

Ainsi, sans remonter plus haut, il a en lui une puissance qui le pénètre, qui l'étreint ; comme pour le convaincre que s'il peut modifier par la science les corps matériels du globe qu'il habite, et en diriger jusqu'à un certain point les forces à son gré, il est obligé d'être soumis à son âme, d'en être jusqu'à un certain point, au point de vue de son corps, le véritable esclave.

Il croit se soustraire à cette domination en se disant libre penseur, et en reniant l'existence de cette puissance vivante et indestructible. Mais qu'importe qu'il la nie? Il n'en reste pas moins sous le joug, esclave révolté, mais toujours contenu, sans pouvoir y échapper tant qu'il existe. Pas un seul être humain, dans l'arriéré des siècles, n'a pu, quelle que fût sa puissance, échapper à cette destinée.

La vie toujours marche, et son évolution, imposée d'avance à l'homme par une volonté souveraine, est inévitable. La guerre à outrance que la vanité fait aux rides du visage n'aboutit à rien ; la révolte la plus insensée est sans résultats ; les travaux scientifiques les plus extraordinaires seront toujours impuissants. L'idée dite moderne, le pro-

grès moderne, rien n'y fait, rien n'y fera jamais.
La science a cependant la prétention, sinon d'empêcher la mort, du moins de prolonger la vie humaine; mais dans ses tentatives à ce sujet elle ne saurait être suffisamment précise : elle se transforme en art. Les traités, les arts de prolonger la vie humaine n'ont pas manqué, et des savants très-sérieux, comme Flourens, n'ont pas dédaigné de traiter et de soigner ce sujet ingrat. Peines perdues! Vous êtes fidèle à la sobriété du régime et au confortable de l'hygiène, et vous pouvez ainsi éloigner jusqu'à un certain point la mort; mais elle n'en est pas moins inévitable. Sans que vous y puissiez rien, sans que toute la science humaine de tous les temps et de tous les mondes y puisse quelque chose, vous pouvez mourir d'un choc imprévu, d'un accident, d'un petit gravois qui s'est formé dans votre corps à votre insu et qui s'arrête dans un conduit naturel trop étroit, de la déchirure d'un organe devenu latemment friable, d'un poison que vous ingérez sans vous en douter ou que vous aspirez sans en avoir conscience, d'un petit corps étranger introduit avec les aliments ou les boissons et s'égarant dans une région insolite; et il en est ainsi d'une multitude de causes, qui sont presque des riens par elles-mêmes. Quelle fragilité de l'homme! Quelle sujétion il subit!

Nous avons rappelé que le corps humain se renouvelait complétement dans ses éléments intimes en plusieurs années, et que le vieillard avait subi ainsi bien des fois depuis sa naissance cette métamorphose, sans cesser d'être lui-même. L'homme, avec toute son intelligence, et malgré toutes les conquêtes de la science, ne peut arriver à faire durer indéfiniment cette nutrition qui entretient et renouvelle les matériaux de son corps. S'il était vrai que ce corps vivant fût simplement soumis aux forces naturelles, pourquoi la durée éphémère de tous les hommes existerait-elle sans aucune exception? Il serait bien surprenant que, parmi des milliards d'individualités humaines disparues, à aucune époque un seul homme n'ait eu, par rapport aux autres hommes, une nutrition supérieure qui l'aurait fait vivre indéfiniment au même degré de nutrition! C'est une preuve nouvelle que la succession forcée des âges suivis de la mort a été imposée à l'homme par une volonté supérieure à la sienne.

L'explication de son impuissance à cet égard est facile à comprendre. Le simple bon sens et la raison nous disent que cette impuissance dépend simplement de ce que l'âme existe en dehors des forces naturelles; aussi, dès qu'elle a abandonné le corps, celui-ci devient uniquement soumis à ces forces; il se dissocie en se putréfiant. C'est ce qui fait que l'homme qui veut anéantir un autre homme ne peut, malgré la rage la plus sanguinaire, l'atteindre tout entier, quoi qu'il fasse. Il frappe, il tue; mais que reste-t-il en son pouvoir, sous sa main homicide? une machine humaine que vient de quitter son foyer de vie, contre lequel son impuissance est des plus absolues.

Cela est si vrai, qu'il ne saurait rendre la vie au cadavre en faisant intervenir l'action des forces dites naturelles. Il prend ses engins ingénieux qui lui permettent de concentrer et de diriger l'électricité, il la fait circuler dans ce corps mort : oh! prodige de la science! ce corps tressaille! ses muscles se contractent! « Perfectionnons ces excitateurs de la vie, se dit l'expérimentateur ravi, et notre génie, avec le temps, arrêtera cette mort hideuse, ou rappellera la vie en lui! » Non, hélas! votre fluide excitateur n'agit que sur le premier rouage qui effectue le mouvement limité observé, comme si vous poussiez de la main le piston d'une machine à vapeur éteinte. Ce n'est pas le foyer central humain que vos engins excitent, ce foyer est éteint et vide : l'âme vous a échappé tout entière.

Si l'homme vivant s'ingénie seulement à trouver les moyens d'arracher le corps de son semblable à la décomposition fatale qui commence après la mort, il ne le peut que très-imparfaitement. Il arrête cependant la putréfaction immédiate; il condense les tissus humains en les modifiant chimiquement; mais il n'obtient jamais qu'une matière sans nom, dans laquelle les éléments restent emprisonnés et fixes, et qui ne ressemble plus au corps animé que l'on a connu pendant sa vie.

Voilà le roi ou la reine d'un grand peuple; sa dépouille corporelle doit être enfermée dans un magnifique tombeau. On veut y conserver ce corps à l'abri de l'affreuse décomposition qui l'atteindrait infailliblement s'il était abandonné à lui-même. Au lieu du souffle de la vie qu'on ne saurait lui rendre, on l'imbibe d'aromates, de substances tannantes et de composés qui transforment ce corps en une masse que l'on croit éternellement durable. On le double de bandelettes superposées, ornées de couleurs éclatantes et d'or; on l'enferme dans une caisse de bois précieux également ornée. Les siècles passent, des milliers d'années même s'écoulent; mais alors l'indifférence a succédé à la vénération, et ces restes autrefois si précieux, maintenant image hideuse et défigurée du monarque ou de la reine ayant autrefois vécu, sont extraits sans respect de la profondeur du magnifique monument élevé sur eux. La caisse est ouverte, les bandelettes sont enlevées; enfin la momie royale est exposée dans une vitrine de musée, à côté des bijoux qu'elle portait, aux regards curieux du populaire de l'endroit, jusqu'à ce que cette momie, vénérée si longtemps, tombe en poussière par l'effet du temps.

Voilà l'exemple de la plus haute puissance de

l'homme dans ses efforts pour conserver le corps de son semblable. Il ne restitue rien à la dépouille de la vie passée ; il la transforme en matière moins fragile en la rendant hideuse, et il la pare d'ornements soignés, qui ne sont plus pour les générations futures que des oripeaux curieux par leur vétusté.

L'homme n'est pas plus maître du temps que de la matière. Le temps n'est, pour ainsi dire, rien comme durée présente. A tout instant, c'est le passé qui s'en va et l'avenir qui commence. Qu'un homme vive peu ou de longues années, ce qui est le passé comme temps dans son existence a toujours peu de valeur. Un homme de cinquante ans peut lire dans une journée la relation écrite de la vie d'un autre homme du même âge, sans que son imagination se figure cette vie étrangère dans ses particularités d'une autre façon que pour l'ensemble des souvenirs de sa propre vie. Le temps passé ne lui appartient donc plus ; l'avenir ne lui appartient pas davantage : nous l'avons montré ne pouvant faire durer à son gré son existence. Courte ou prolongée, la vie est d'ailleurs toujours la vie, coupée constamment par des incidents et des événements imprévus, qui viennent en rappeler la fragilité et la valeur provisoire.

Non-seulement l'homme est impuissant en présence du temps, qu'il ne saurait prolonger à son avantage, mais il l'est de même encore en présence de l'espace. Pendant sa vie, malgré la liberté de ses mouvements, il est inhérent à la surface du globe terrestre qui l'aspire et l'attire, la gravitation ou la pesanteur ne lui permettant pas de s'éloigner d'elle. Il lui est seulement possible, par des expédients factices, de s'en séparer momentanément pour y revenir. Il se fait alors enlever du sol dans l'atmosphère, très-haut par rapport à sa taille, en se plaçant dans une nacelle fixée à une enveloppe gonflée par un gaz plus léger que l'air. Il est alors bien fier de planer en hauteur sur ses semblables ; cependant, pour accomplir cette ascension accidentelle, il faut qu'il prenne les plus grandes précautions. Le vent peut le pousser malgré lui vers la mer, où il se noie ; ou bien, si la soupape dite de sûreté devient rétive et reste ouverte ou close malgré lui, il ne peut plus descendre ni monter à sa volonté, et il périt d'asphyxie dans les hautes régions, ou bien il tombe vers la terre avec une rapidité graduellement prodigieuse, et il vient s'y briser. Après la mort, son corps appartient toujours à la terre : il se fond en quelque sorte et se disperse en elle.

III

En exposant ce tableau des infirmités de la puissance intellectuelle de l'homme, qui l'empêchent d'acquérir sur le monde l'autorité absolue qu'on a rêvée pour lui, nous n'avons eu nullement l'intention de diminuer la souveraine grandeur de son intelligence ; nous avons voulu seulement en montrer les limites, et en tirer cette conséquence qu'il y a au-dessus de l'homme une plus grande puissance que la sienne, et que, dans une foule de conditions de sa vie, l'homme doit subir la nécessité de la résignation. Cette nécessité est une loi naturelle.

Cependant si l'homme n'est pas absolument grand par son admirable puissance scientifique, industrielle et artistique, il peut certainement être absolument grand par sa puissance morale.

Cela est si vrai que l'on peut parfaitement concevoir l'être humain sans sa puissance, telle que nous la voyons aujourd'hui, sur la matière ; puissance essentiellement variable qui a été se modifiant et grandissant avec les siècles, et qui a été répartie par conséquent avec inégalité à l'humanité selon les temps.

L'homme, au contraire, ne saurait se comprendre sans la puissance morale, qui est le premier et le plus essentiel attribut de son être. Cette puissance morale, basée sur la conscience et sur la sujétion de l'homme à Dieu, a été dans tous les temps également vivace, depuis l'apparition de l'être humain sur la terre, et à plus forte raison depuis l'enfance des sociétés humaines jusqu'à nous, comme elle est réelle et incontestable depuis l'enfance jusqu'à la vieillesse de chaque individu [1].

Cet attribut inné de puissance morale est l'intermédiaire nécessaire entre l'intellect et les déterminations ou les actes de l'homme, soit en vue de lui-même, soit en vue des autres hommes, soit enfin et surtout en vue de Dieu.

A ces mots de puissance morale, le matérialiste objectera que la science n'a rien à voir dans cette question. La science purement matérielle, peut-être ; mais nous avons vu que la science n'était pas limitée et condamnée sans appel à l'étude de la matérialité. Si l'on a d'une part la science de l'homme-cadavre, on a aussi celle de l'homme vivant. Et quand on exalte, comme le seul homme grand,

[1] L'hypothèse d'OErtsed que l'amitié ou la haine sont venues accidentellement d'abord, par suite des sentiments agréables ou désagréables éveillés par un homme chez son semblable, n'a aucune valeur comme explication des sentiments moraux ou du sentiment du bien et du mal.

l'homme puissant par sa science et son industrie, on n'a pas le droit d'oublier, au nom de cette physiologie que l'on invoque, qu'au lieu d'une seule puissance attribuée à l'intelligence humaine, il y en a deux manifestes, et que la puissance morale que nous rappelons est la plus inséparable de la nature humaine, puisqu'on ne saurait concevoir l'homme sans elle.

D'ailleurs, dans l'ensemble des sciences il y a la science de la morale comme il y a la morale pratique. L'une et l'autre ont été l'objet de l'étude de toutes les philosophies, et par cela même diversement comprises, malheureusement. Avant les philosophes, la morale pratique n'en existait pas moins : elle était une loi, a-t-on dit, dont les moralistes ne furent que les interprètes. Nous allons au reste revenir plus amplement sur ce sujet à propos de la sociologie.

CHAPITRE VII

LA SOCIOLOGIE.

Sociologie de la philosophie positive.

I. — Vie individuelle et vie de l'humanité. — Lois de l'histoire comparées à celles des sciences physiques. — L'homme automate et le fatalisme. — Succession non régulière des formes politiques. — Progrès forcé d'après le positivisme. — Interprétations historiques. — Erreur de dire l'état social sans support en dehors de la science.

II. — Vraies conditions constantes de l'état social. — Familles et sociétés humaines. — Religion, éducation et morale des positivistes. — Science à la place de la religion. — Lois naturelles immanentes à la place de Dieu. — L'humanité Dieu du monde. — Religion de l'humanité; sa morale. — Morale indépendante moderne. — Dieu principe moral. — Souveraineté individuelle. — Éducation laïque méconnaissant la biologie. — Instruction et civilisation. — Cause de la déviation intellectuelle et morale du temps présent. — Conclusion.

La philosophie positive pense avoir donné la vraie solution du problème de la régénération sociale, en formulant la *sociologie,* qui serait la science culminante de l'humanité, le but supérieur de toutes les autres sciences particularisées. Nous avons montré ce que l'on doit penser de cette philosophie et de sa conception si étroite de l'ensemble du monde[1]. Il nous faut la suivre jusqu'à son aboutissant supérieur, cette sociologie dont on exalte tant l'importance, quoique l'on puisse se convaincre aisément de son inconsistance. Il suffit pour cela d'examiner d'abord quels sont ses principes fondamentaux, et d'établir ce qu'ils valent réellement. Nous leur opposerons ensuite les véritables principes qui doivent servir de base aux sociétés humaines.

I

M. Littré, qui ne passe pas pour avoir, comme Auguste Comte, poussé les choses à l'extrême en sociologie positiviste, a été cependant au delà des vues de Comte en formulant la sociologie. Il considère l'histoire comme un « développement déterminé par les conditions de la nature cérébrale de l'homme et par la manière d'être du monde. Ce qui se passe dans l'évolution de l'individu est la racine de ce qui se passe dans l'être collectif. » Quant à la tâche de l'histoire, elle se bornerait à « reconnaître comment l'individu se transforme pour devenir

---

[1] Voyez le chapitre 1ᵉʳ.

l'évolution de l'humanité, quelle part de la vie individuelle s'efface comme inutile à la vie collective, et comment des fonctions privées et personnelles prennent le caractère impersonnel et général ». De la sorte, disparaitrait ce que l'on appelle le hasard; ce qu'on appelle Providence disparaitrait également; et il ne resterait plus que « ce qui, en science, se nomme une loi, c'est-à-dire une condition dernière, un fait primordial au delà duquel on ne peut aller ». Cette loi fondamentale est ainsi formulée : « La comparaison de la vie collective avec la vie individuelle classe, sans hésitation possible, l'histoire à la suite de la biologie, et impose la nécessité de connaitre celle-ci pour connaitre celle-là [1]. »

Telle est, résumée par M. Littré lui-même, la formule de la sociologie suivant le positivisme. Cette formule en impose au premier abord comme quelque chose de grand et de profond. Mais cette impression première dure peu. Dès que l'on va au fond des choses et qu'on élague ce qu'il y a de solennel et d'obscur dans le style, pour mettre à nu les principes, on se trouve en présence d'affirmations sans preuves. On y constate surtout, comme étant un paradoxe inacceptable, la loi supérieure

---

[1] É. Littré : *Paroles de philosophie positive*, pages 24 et 25.

qui domine, dit-on, la sociologie, et qui affirme que la vie collective de l'humanité est semblable à la vie individuelle, et par conséquent soumise à une évolution régulière et prévue, en dehors d'une Providence qui est supprimée d'un trait de plume, et en dehors du hasard des événements humains.

L'assurance du langage, que nous constaterons dans l'ensemble des travaux relatifs à la sociologie, ne peut servir qu'à dissimuler l'absence ou la faiblesse des preuves. C'est la conclusion qui découlera naturellement des considérations dans lesquelles nous allons entrer.

Il faudrait démontrer, avant tout, que la loi fondamentale de l'histoire consiste dans le fait que la vie collective de l'humanité ressemble à celle de l'homme individu. Nous savons que Comte traite de présomptueuse la prétention des savants de révoquer en doute les conclusions sociologiques formulées par les esprits qui se sont soumis à la plus complète et à la plus laborieuse préparation mentale, et qu'il condamne la hardiesse des contradicteurs dont l'intelligence et l'instruction n'ont pas atteint le même degré[1]; mais l'accusation ne saurait nous arrêter; car personne, même le fondateur de la doctrine, ne peut obliger le lecteur à se contenter de preuves insuffisantes.

[1] Voyez STUART MILL : *Auguste Comte et le positivisme*, p. 79.

Les sociétés se succèdent, se développent et meurent comme les individus humains, et il y a certainement en cela une analogie, une ressemblance qu'on ne saurait méconnaître entre l'homme et les états sociaux. Néanmoins ce n'est pas dans un cercle aussi étroit que les positivistes envisagent la question. Ils prétendent la dominer de plus haut, parce qu'ils croient y avoir découvert un ensemble caractéristique, qui représenterait une évolution analogue à celle des individualités humaines, non plus dans un état social particulier, mais dans la collectivité des sociétés humaines à travers les siècles, en d'autres termes, pour employer ceux d'Auguste Comte, « dans l'état collectif humanité ».

L'être humanité correspondrait à trois âges successifs : l'état théologique, l'état métaphysique et l'état positif. Voilà la grande vue de Comte! M. Littré y voit quatre degrés différents : 1° la satisfaction des besoins et l'exploitation de l'utile ; 2° la religion et la morale ; 3° la culture du beau ; 4° finalement la science.

La science sociologique ainsi envisagée ne saurait être assimilée à la biologie. Comme tous les groupes de connaissances fournies par les actes humains individuels ou collectifs, et soumis à des volontés variables dans chaque individu, cette sociologie est loin de ressembler à la science biologique, fondée sur des phénomènes qui évoluent toujours et se perpétuent avec la même régularité. Et il en est de même pour les autres sciences, surtout celles qui ont pour objet les faits naturels de notre monde. En arithmétique, deux mêmes nombres additionnés donneront toujours la même somme. En géométrie, on sait d'avance que les trois angles de n'importe quel triangle équivaudront constamment à deux angles droits. Je sais, de par la physique, que, toutes les fois que je tiendrai un corps suspendu dans l'air et que je l'abandonnerai à lui-même, il obéira à la pesanteur ou à l'attraction terrestre et tombera sur le sol. Je sais encore qu'en vertu des affinités chimiques telle et telle autre substance, mises en contact, se combineront de façon à former un nouveau corps, bien déterminé d'avance en raison de la nature et de la quotité des éléments combinés. Enfin je suis certain que tout enfant qui naît mourra un jour, et que, s'il vit longtemps, il passera nécessairement de l'enfance à la jeunesse, puis à l'âge mûr, et enfin à la vieillesse. C'est ce que l'on a appelé une loi biologique : loi inévitable et prévue dans son évolution comme toutes les vraies lois dites naturelles, en vertu desquelles s'affirment les formules scientifiques que je viens de rappeler.

Le même principe de prévision, quoi qu'en puissent dire les positivistes, ne peut s'appliquer aux sciences fondées sur les œuvres et sur les actes humains, comme l'est la sociologie dite positive.

Les monuments bâtis par d'anciennes générations, leurs objets d'art ou d'industrie, leurs lois et leur degré de civilisation, peuvent se refléter plus ou moins sur les produits d'une civilisation ultérieure ; mais en constatant cette transformation, il est interdit d'affirmer que de tel fait résultera nécessairement telle conséquence, et que par suite tel fait social se développera fatalement dans la suite.

La sociologie a pour base essentielle les actes humains, dont la mobilité et l'incertitude ne ressemblent en rien à l'immutabilité de toute vraie science cosmique [1]. Aussi paraît-il bien étrange que M. Littré assimile à la régularité des lois de l'astronomie, de la physique et de la chimie, la prétendue régularité des lois de l'histoire découverte par Comte. On ne saurait accepter cette hardiesse. Par cette assimilation de la sociologie aux sciences exactes, le positivisme a cru trouver une base solide dans la biologie, sans s'apercevoir que c'était un piédestal bien prétentieux et bien faux sous beaucoup de rapports.

Il nous semble donc impossible que l'on refuse

[1] L'économie politique, avec son vernis statistique trompeur, n'a pas de principes plus solides ; aussi est-elle très-controversée. Elle est considérée par Comte comme n'étant ni scientifique ni positive. (*OEuvres*, t. IV, p. 193.)

d'accepter cette proposition : de la connaissance des organes et des fonctions de l'homme, les manifestations de l'intelligence comprises, et de l'évolution de son existence, il est interdit au novateur le plus hardi de déduire une loi d'évolution de l'humanité au point de vue politique ou social. Si une semblable déduction était possible, on ne la comprendrait qu'en niant une condition essentielle de la nature de l'homme : celle de l'initiative si variable qui résulte de son jugement et de sa volonté, et qui le porte constamment à agir, même collectivement, dans un sens ou dans un autre tout différent. Pour légitimer la marche régulière de l'évolution humanitaire, il faudrait que l'homme fût un automate social et civilisateur soumis à un fatalisme qui pourrait alors être, lui, une véritable loi scientifique, mais qui n'existe en aucune façon. Le fatalisme! l'idée sociale la plus abrutissante, voilà où conduit la formule dite scientifique de la sociologie positive en répudiant le hasard et la Providence!

Aussi la philosophie positive est-elle amenée à admettre la réalité du fatalisme. Cela est si vrai qu'elle nous affirme que toute grande découverte utile vient *forcément* à son heure. Forcément! qu'est-ce que cela voudrait dire en dehors de l'idée du fatalisme? et qu'est-ce autre chose qu'une hypothèse sans valeur? A qui persuadera-t-on que les grandes découvertes, considérées avec raison comme si utiles à l'humanité, ont été forcément réservées par la fatalité à des générations d'hommes tardivement apparues, au détriment des si nombreuses générations antérieures? Qui le veut ainsi? Ce n'est certes pas la *nature cérébrale* de l'homme, qui aurait dû se favoriser plus tôt de ces avantageuses découvertes. Répudier le hasard, rejeter avec dédain toute intervention providentielle pour accepter le fatalisme, n'est-ce pas agir avec un parti pris inacceptable? Quel est l'homme de science dont les découvertes n'ont pas été quelquefois provoquées par une circonstance fortuite, par le hasard? Pour en donner un exemple des plus saisissants, il nous suffit de rappeler la pomme se détachant de l'arbre en présence de Newton, qui fut amené ainsi à découvrir la loi de la gravitation. Quant au rôle de la Providence, nous pouvons renvoyer à ce que nous en avons dit à propos des causes premières, en rappelant que, si l'on nie son intervention dans la marche du monde, il faut nier aussi, au nom du fatalisme, l'intervention de l'homme dans l'évolution des sociétés, ce qui serait absurde. Or les deux questions se tiennent forcément : nier ou approuver l'une, c'est également et en même temps nier ou approuver l'autre.

Si nous examinons la succession des sociétés humaines, nous ne trouvons pas non plus dans l'organisation politique ou sociale cet enchaînement régulier qui devrait résulter de l'évolution conçue par le positivisme ; car nous constatons dans la succession des états sociaux, et accumulés dans le temps sans aucun ordre, la monarchie héréditaire ou élective, absolue ou bridée ; les républiques qui ne sont que des monarchies déguisées, avec un chef d'État affaibli d'autorité, ou des républiques absolues, dites radicales aujourd'hui, où tout citoyen se dit souverain par lui-même, et veut l'être par rapport à son voisin. C'est dans ce dernier cas l'anarchie.

Toutes ces organisations ou désorganisations sociales ont existé, à des époques irrégulières, dans l'évolution humanitaire à long terme. Il y a eu autrefois des républiques qui ont disparu ; il y a eu des monarchies et des anarchies de tout genre qui se sont succédé sans jamais se ressembler absolument. Or, ces successions, loin de présenter une régularité d'évolution légitimant la loi historique énoncée par les positivistes, a offert dans le temps une irrégularité de succession caractéristique. Il y a plus : à un moment donné, comme de nos jours, nous voyons toutes les formes variées de gouvernements qui existent simultanément dans le monde. Ce n'est donc pas dans l'enchaînement de ces multiplicités sociales que l'on peut voir non plus une loi scientifique de l'histoire. Aussi le positivisme est-il mal venu de dire que les formes gouvernementales vieillies doivent disparaître pour ne plus revenir. Elles sont disparues, sont revenues, ou reviendront probablement encore.

La philosophie positiviste n'est pas plus logique dans la manière dont elle comprend le développement progressif et *forcé* de l'humanité. Cela se conçoit : d'un principe erroné ne peuvent découler des conséquences vraies. Au lieu de torturer les faits acquis pour leur faire exprimer ce que l'on désire, il est cependant facile de constater ce qu'ils signifient réellement dans l'état social.

Il est évident que l'histoire est d'abord un enregistrement des faits et des actes humains privés ou collectifs qui restent acquis à l'humanité ou bien à un état social en particulier, et que cet enregistrement est la source d'inductions variées suivant les tendances de l'esprit inducteur, tendances n'ayant absolument rien de la régularité scientifique. Y a-t-il rien de plus disparate, en effet, que les interprétations des faits historiques? Les historiens passionnés dénaturent tous plus ou moins la signification de l'histoire humaine; et le plus consciencieux de ces écrivains, s'il n'est pas en possession de la vérité fondamentale qui embrasse l'ensemble de l'histoire, y met nécessairement de la partialité, et peut se laisser aller à imaginer une loi générale, dans laquelle il s'efforce inconsciemment de faire entrer les faits.

Cela se conçoit d'autant mieux que le temps est comme l'espace : vus à distance, les hommes et les choses s'amoindrissent et se perdent dans l'arriéré des siècles. De même que la terre disparaît dans l'éloignement et se réduit à rien dans la profondeur de l'espace, de même un siècle s'efface d'autant plus dans la profondeur du temps passé qu'il est plus ancien. On finit par en trouver parfois si peu de traces dans les documents historiques, que l'on peut embrasser en quelques minutes tout ce que l'on sait de l'ensemble de ces cent années. Pour beaucoup de ces siècles anciens il n'y a plus rien de connu ; ils sont comme s'ils n'avaient jamais existé pour l'homme. Jugés à cette distance, les hommes et leur état social restent inconnus, en prêtant aux suppositions les plus erronées sur leur existence passée.

On ne saurait certainement nier les rapports de la science avec l'état social et avec l'histoire ; mais quand on dit que cet état social doit être basé sur la science, on énonce une erreur flagrante et inacceptable. Les plus grands savants, sans que cela leur ôte rien de leur mérite, ne sont certes pas les plus grands hommes politiques : nous pouvons le voir tous les jours. A qui pourra-t-on faire croire que l'état social, sans la science matérielle, est « un phénomène sans support » ? Que ceci soit dit de la civilisation au point de vue matériel et intelligent, à la bonne heure! Mais là n'est pas, quoiqu'on veuille faire croire le contraire, la base fondamentale de l'état social.

En niant, d'après les faits connus, dans l'ensemble des sociétés humaines qui se succèdent dans la longueur des siècles, une régularité scientifiquement constatée, nous ne prétendons pas dire que, dans l'évolution de l'humanité, il n'existe pas de conditions régulières et stables de développement. Il s'agit seulement de bien établir en quoi consistent ces conditions, et de montrer qu'elles sont bien différentes des conditions dites scientifiques dans la sociologie de Comte. C'est ce que nous allons faire.

II

Aussi loin que nous puissions prendre l'humanité dans son passé en la suivant jusqu'à nous, toujours nous trouvons, dans les agglomérations humaines constituant l'état social à différentes époques, deux conditions constantes et indélébiles : le principe primordial de la famille, et celui de la réunion des familles qui forment les groupes sociaux. Ces deux conditions régulières et immuables de sociabilité ont suivi leur cours ininterrompu depuis l'apparition de l'homme sur la terre, le suivent encore et le suivront toujours, sans qu'il soit possible de trouver rien d'aussi constant dans la *nature cérébrale* humaine. A la famille et à l'état social, qui n'est que la famille plus ou moins agrandie, se rattache d'abord comme nécessité absolue un principe dirigeant : l'autorité ; et ce principe a une conséquence forcée, la soumission, aussi nécessaire que l'autorité elle-même. Enfin les individus, comme les familles et comme le peuple qu'elles forment, ont des droits incontestables; mais ils sont astreints aussi à des devoirs que l'on ne saurait volontairement oublier pour ne parler que des droits.

Telles sont les vraies bases essentielles des sociétés. Qu'elles possèdent plus ou moins de science, une industrie perfectionnée et plus ou moins de richesses, certes ces sociétés auront plus d'importance et de bien-être matériels; mais ces ressources peuvent manquer sans que la famille ou le groupement social fasse défaut, et sans que l'autorité, la soumission nécessaire, les devoirs et les droits cessent d'en dépendre.

Le positivisme, chose singulière, qui attache tant d'importance aux faits fondamentaux, ne fait pas ressortir, dans sa sociologie, ce grand fait de l'existence de la famille. Cet oubli paraîtra bien étrange ! Quant à l'autorité, aux devoirs et aux droits, nous allons voir comment cette philosophie les comprend. Voici ce que doivent être la religion, l'éducation, la morale, dans ce que je crois être en droit d'appeler l'aberration sociologique. Le positivisme se trouve entraîné à formuler ainsi les principes sociologiques à ces différents points de vue.

« Quant à l'avenir, la science générale, concevant le monde autrement que ne le concevaient les hommes sous le règne des religions successives — comme si toute religion était anéantie, — *prend un office équivalent à l'office religieux;* elle a, à son tour, à mettre *l'éducation* et *la vie morale* en accord avec l'univers tel qu'il nous apparaît. »

Ainsi la science doit remplacer la religion. « Il a été indubitable, dit-on encore, que le progrès du savoir humain a été de substituer les lois naturelles aux volontés surnaturelles[1]. Mais que contient cette expression abstraite, sinon : la conception du monde est changée ? Or avec la conception du monde change l'office religieux. »

Quant à l'éducation, elle « est subordonnée à la conception théologique du monde. Aujourd'hui elle doit mettre l'intelligence et le cœur en relation avec la constitution et les lois de cet univers dont nous faisons partie. »

[1] M. Spencer, en constatant que l'incompréhensible (l'*incognoscible*) est le terme de toute religion et de toute science en même temps, conclut avec raison, contrairement à cette opinion de M. Littré, que l'antagonisme entre la science et la foi est tout à fait illusoire.

« La morale suit la même condition. Elle aussi s'étend, se développe et s'améliore[1]. »

Nous verrons tout à l'heure ce que valent cette éducation et cette morale. Faisons remarquer auparavant qu'il n'est nullement *indubitable* que l'éducation et la vie morale dépendent de la conception positiviste du monde; que la science doive remplacer la religion, et enfin que le progrès du savoir humain ait été de substituer absolument les lois naturelles à toutes les volontés surnaturelles, ces lois naturelles étant sans doute de mieux en mieux connues, mais restant toujours subordonnées par la *loi de nécessité :* nous l'avons surabondamment démontré. La conception du monde, si diverse suivant les intelligences humaines par suite de la liberté essentielle de la pensée et suivant les diverses philosophies, ne peut influer en rien sur l'office religieux, puisque Dieu existant, encore par la loi de nécessité, il lui faut un culte de reconnaissance et d'affection pour tous les biens dont nous jouissons par lui.

La sociologie positiviste mène à cette impasse, au point de vue religieux, que l'ombre d'idée de ce Dieu, qu'elle remplace par ces lois immanentes que nous avons jugées, révolte ses adeptes au point

---

[1] É. Littré : *Paroles de philosophie positive*, pages 31 et 77.

qu'ils n'acceptent même pas l'athéisme, parce que, dit M. Littré, « l'athée n'est point un esprit véritablement émancipé; c'est encore à sa manière un théologien ». (!) Le panthéisme, cette forme allemande de l'incrédulité, « est encore pleinement théologique… » et n'est aussi, suivant le même philosophe, qu'une « modification de l'ancien parti »! Arnold Ruge considère aussi l'athéisme comme un système religieux !

Ces exagérations, il nous sera bien permis d'ajouter dans le faux, ont pour conséquence cette conclusion que nous devons citer textuellement encore : « L'humanité dans sa maturité — par le positivisme — assurera l'ascendant de l'homme sur la nature, étendra son empire sur la planète, et déterminera l'équité sociale [1]. »

Comme conclusion : il n'y a donc pas d'autre puissance supérieure, d'autre Dieu dans le monde que l'humanité; aussi est-ce l'humanité que le positivisme signale comme devant être l'objet d'une nouvelle religion : il faut que l'homme s'adore lui-même ! il faut adorer l'humanité ! Voilà le culte approprié à la nouvelle conception du monde, quoique ce monde n'ait pourtant subi en lui-même aucun changement. La gravité de cette singulière induction positiviste mérite de nous arrêter un instant.

---

[1] Littré : ouvrage cité, p. 56.

La publication d'Auguste Comte, faite dans les dernières années de sa vie, sur la religion positiviste, montre à combien d'excentricités peut conduire l'application pratique de la philosophie positive. M. Littré ne s'arrête pas à ces conséquences, qui montrent si bien la fragilité du principe, en insistant sur la partie spéculative du positivisme. Sans doute, il est loisible aux disciples de ne pas aller aussi loin que Comte ; mais si l'on veut passer à la pratique, façonner un moule *positif* destiné à la nouvelle société, et l'utiliser, il faut agir dans le sens de Comte, dont les excentricités, sous ce rapport, sont bien connues. Celles de Raucourt n'ont pas été moins caractéristiques, lorsqu'il a voulu aussi organiser et régler le fonctionnement de la société positiviste. Quelles que soient les dissidences entre les adeptes, il s'agira toujours d'un moule défectueux, dans lequel jamais les positivistes ne pourront fondre et façonner la société humaine. On va juger si cela est possible avec Auguste Comte.

Comte, par le positivisme, a été porté à prendre le rôle de suprême législateur et de pontife souverain de la race humaine tout entière, en érigeant sa philosophie en religion sans Dieu. Le grand Être de cette prétendue religion est l'Humanité ou le genre humain [1]. Ceux-là *seuls* qui, dans le passé,

---

[1] Feuerbach a préconisé aussi l'homme comme étant seul « notre Dieu, notre juge, notre rédempteur ».

ont dignement joué leur rôle dans la vie, selon Auguste Comte, deviennent l'objet digne de notre vénération. Il y aurait des temples, des prêtres, des cérémonies publiques. Ces cérémonies, au nombre de quatre-vingt-quatre par an — ni plus ni moins — auraient pour objet l'humanité collective, et seraient consacrées à glorifier cette humanité *à divers points de vue*. Les prêtres de l'Humanité administreraient même des sacrements [1]. La mort s'appellerait *transformation;* et comme il n'y a pas d'éternité à promettre, la religion positive donnerait pour « récompense suffisante après la mort, l'espoir de vivre dans le souvenir ou l'adoration posthume de l'ensemble des hommes, ou tout au moins de ceux qui nous ont aimés pendant notre vie ».

Les États actuels devraient être divisés en une foule de petites républiques dirigées par un triumvirat de trois banquiers [2] ! mais surtout par le gouvernement sacerdotal, les prêtres de l'humanité devant être le pivot de l'état social. La direction suprême serait exercée par un seul pontife, *le grand*

---

[1] Auguste Comte a cherché à imiter la discipline catholique pour beaucoup de points de sa religion si burlesque. Il a été jusqu'à faire un calendrier positiviste, où chaque jour est dédié à quelque bienfaiteur de l'humanité, et parmi eux il range les grands hommes du christianisme.

[2] Les banquiers seraient au sommet de l'échelle, les commerçants au-dessous d'eux, et les agriculteurs en bas.

prêtre de l'humanité, qui devrait exercer un pouvoir spirituel entier et absolu *sur toute la race humaine.*

La règle cardinale de la morale serait ici de vivre pour autrui, d'où la vertu de l'*altruisme,* opposée à l'égoïsme. Toute éducation et toute discipline morale ne devront avoir qu'un objet, celui de faire prévaloir l'altruisme sur l'égoïsme. Par quels moyens ? le voici. Les organes se fortifient par l'exercice et s'atrophient faute d'usage ; et comme chaque penchant élémentaire a son organe cérébral distinct — ce qu'il faudrait prouver, — le grand devoir de la vie serait, d'une part, de fortifier les *affections sociales* par une pratique constante, et en second lieu de paralyser par la désuétude, autant qu'il est possible — mais ce qui ne l'est guère, — les passions et les inclinations égoïstes.

Je me borne à ces linéaments principaux de cette organisation sociale positiviste, utopie dans laquelle la religion a pour base essentielle l'orgueil humain élevé à la dignité de pouvoir divin. Cet orgueil sans bornes, où mène-t-il ? Max Stirner va jusqu'à combattre la religion de l'humanité comme une superstition ! Et il prêche l'*autolâtrie,* le culte de soi-même, chacun étant soi-même son Dieu, chacun ayant droit à tout ! Le vrai Dieu empêchant que cette souveraineté humaine absolue ne soit une vérité, qu'on n'en parle jamais ! Que tout ce qui le rappelle soit attaqué par tous les moyens possibles! Les temples qu'on lui élève, le sacerdoce qui sert d'intermédiaire entre la source de l'autorité morale et les hommes, comme la magistrature entre l'autorité de la loi écrite et les citoyens, qu'ils disparaissent comme inutiles!

Après la méconnaissance de Dieu, la haine sauvage que l'on provoque contre les prêtres dépasse, on le sait, tout ce que l'on peut imaginer. Elle suscite la calomnie la plus effrénée, les insultes journalières, et jusqu'à la persécution légale. S'ils occupent le pouvoir, les auteurs aveugles de ces perfidies ne voient pas qu'ils s'attaquent eux-mêmes dans le principe de leur puissance, en voulant détruire l'autorité la plus incontestable, celle qui est représentée par les modestes dispensateurs de la vérité et de la morale religieuses.

Et cependant quel sentiment de sympathie tout cœur honnête ne doit-il pas éprouver en présence d'un homme qui pousse l'abnégation jusqu'à renoncer aux jouissances non-seulement de la fortune, mais trop souvent du bien-être; consacrant sa vie à infiltrer dans le cœur des autres l'amour du devoir; ne troublant en rien le cours de l'état social, disant au contraire de rendre toujours à tout César ou à toute autorité non religieuse ce qui lui appartient; se dévouant sans défaillance à la tâche de faire aimer Dieu, la bonté et la justice suprêmes, de nous faire aimer entre nous, de secourir en secret nos semblables malheureux, d'entretenir dans les cœurs l'espérance qui soutient dans l'infortune; consentant à subir toutes les insultes, toutes les humiliations que lui vaut son devoir de combattre les passions humaines, en les flétrissant par la parole dans leur abjection; et enfin, continuant ainsi, souvent pendant une longue vie, jusqu'à la douceur si enviable de leur mort? En présence d'une semblable existence, qui est celle du prêtre, ne doit-on pas être frappé de respect et saisi d'admiration? Non! le progrès moderne s'y oppose, et, dans son inconséquence et son injustice, il répète à tous et partout : haine aux prêtres!

Un des plus grands griefs imputés au sacerdoce chrétien, c'est qu'il défend, sans concession ni faiblesse, mais aussi sans violence, la morale religieuse comme indispensable, parce qu'elle est la seule efficace. La souveraineté humaine conteste cette assimilation; elle prétend qu'aujourd'hui il faut mettre cette morale en rapport avec l'idée moderne, qui ne veut admettre que la seule morale excluant la religion, comme inutile directrice, et qui préconise la morale dite indépendante ou civile. Ce progrès moderne ne veut accepter ni le frein moral opposé par la religion à la satisfaction brutale des penchants naturels, ni l'humilité qu'elle préconise; humilité qui, loin d'avoir rien d'attentatoire à la dignité humaine, est, au contraire, une volontaire grandeur.

En dehors de ces préceptes, où doit conduire, socialement parlant, la morale qui s'en désintéresse et qui est basée sur la souveraineté individuelle? Écoutons Büchner à ce sujet : « Si la morale et les habitudes morales d'après lesquelles nous vivons ne peuvent exister sans religion et sans autorité ecclésiastique, elles sont essentiellement mauvaises ; il faut les remplacer par des meilleures. » Comment! si la morale et les habitudes morales sont dues à une cause, il faut supprimer cette cause? Conclusion logique : il ne faut pas de morale ni d'habitudes morales dans un état social. Le docteur Büchner poursuit : « Morale et religion ont toujours été parfaitement indépendantes, et le sont aujourd'hui plus que jamais... » Toujours des affirmations hautaines sans preuves et, par conséquent, sans valeur. La thèse de la morale sans religion a été d'ailleurs diversement discutée. On en a placé principalement la source dans la conscience humaine, et la sanction dans la loi écrite : c'est la morale dite *indépendante*.

Il faut cependant un frein aux incitations des passions, ou même de certains sentiments ou de certaines sensations : c'est une vérité primordiale incontestable et nécessaire dans tout ordre social. Que l'homme puisse trouver dans sa personnalité ce frein dans sa conscience, cela n'est pas douteux. Il y a des hommes supérieurs par leur énergique volonté et leur droiture, qui suivent le droit chemin de la justice en écoutant la voix de cette conscience les aidant à se déterminer pour le bien. Beaucoup veulent que cette conscience suffise comme base de la morale, indépendamment de toute autorité extérieure. Voyons quelle est l'influence de la morale ainsi comprise, et s'il est possible de la considérer comme suffisante.

On admet que des hommes, certainement exceptionnels, écoutant scrupuleusement cette voix de leur conscience, influent sur les autres hommes par leur exemple. Nous admettons que leur vie, à ce point de vue, puisse être un avantage social; mais dans quelle étroite mesure! Tant que vivent ces hommes, leur influence ne réforme à peu près rien autour d'eux; elle peut bien éveiller un reproche dans la conscience boiteuse du voisin, mais, le plus souvent, celui-ci passe outre sans en être modifié

Si cet homme honnête selon sa conscience a une place modeste dans la société, il influera seulement dans le cercle de l'intimité; et s'il s'agit d'un individu illustre, son influence pourra s'étendre davantage parmi les contemporains. Au moment de la mort de cet homme droit, cette influence semblera même prendre un éclat nouveau; mais comme la dernière lueur de la lampe, cet éclat passager sera suivi de l'obscurité; à moins toutefois que, pour l'homme célèbre, il n'en reste une petite page écrite dans les annales du genre humain, page qui finit elle-même par s'oublier avec le temps.

Voilà ce que devient l'influence de l'homme droit suivant sa seule conscience, où il puise *toutes* ses inspirations : elle ne réforme à peu près rien chez les autres hommes, et elle tend si faiblement à généraliser le bien qu'elle exerce, qu'elle ne saurait en aucune manière être considérée comme la force morale fondamentale de l'humanité.

Non, la conscience humaine, que l'on donne comme la base de la morale dite civile, suivant le progrès moderne, ne peut avoir l'importance exclusive qu'on lui attribue. Qu'une conscience soit troublée, où trouvera-t-elle un appui ? Par quel moyen sera-t-elle éclairée ? Comment sera-t-elle assez puissante pour réagir contre les impulsions énergiques d'un tempérament passionné ? contre les funestes influences d'une mauvaise éducation ? La morale civile n'y peut rien. Dans la pratique, en effet, cette morale ne saurait consister que dans la soumission des individus et des peuples aux lois gouvernementales; et si ces lois deviennent impuissantes dans les révolutions politiques, vous aurez beau inscrire le mot *fraternité* sur tous vos monuments, ce sera un mensonge ridicule et sinistre, puisqu'il n'empêchera ni les violences ni les massacres sans jugement.

La loi civile écrite est d'ailleurs variable selon les temps, les pays et suivant les changements politiques de chaque contrée, comme le montre la France aujourd'hui. La loi est en outre toujours imparfaite. Comment pourrait-il en être autrement dans ces prescriptions sèches, sujettes à tant d'interprétations, et dans ces punitions arbitraires des actes répréhensibles, dues à l'initiative si laborieuse et si discutée de l'imperfection humaine? Comment obtenir la règle morale des lois les mieux faites, si le coupable peut échapper complétement au glaive de cette loi, et quand cette loi, par son silence, autorise implicitement à commettre une foule d'actes répudiés par la conscience saine?

Non encore : la sanction morale fondamentale n'est pas dans les lois humaines; et, pas plus que les impulsions de la conscience non dirigée, les lois écrites d'un état social, même parfaitement obéies, ne sauraient constituer un état essentiellement moral.

La logique, cette régulatrice de l'intelligence humaine, cette colonne dominatrice de la science, que les positivistes et les matérialistes ont souvent torturée ou répudiée comme mode de penser, parce que c'est une autorité redoutable, la logique nous oblige dans son inflexibilité à chercher, au-dessus de la conscience et de la loi écrite, la vraie base de la morale. Or, cette logique nous a conduit à la certitude et à la nécessité de l'existence de Dieu, principe moral et essentiel, source de toute justice et de toute vérité. Que l'homme honnête dont nous avons parlé tout à l'heure rapporte à Dieu, comme à leur source réelle, les bonnes impulsions de sa conscience, et son honnêteté y trouvera une force, une sécurité et un encouragement suprêmes. Il est retenu ainsi sans effort dans le domaine social du vrai et du bon ; les inquiétudes perturbatrices le touchent sans le corrompre ; elles mettent plutôt en jeu ses bons sentiments ; et dans la société comme dans la famille, l'homme est porté à aimer et à secourir les autres. En un mot, sa conscience subit une direction dont elle a besoin ; elle est éclairée et soutenue.

Qu'il y ait, au contraire, résistance à cette attraction vers Dieu, et que l'homme indifférent ou athée résiste, dans son orgueil ou son aveuglement, à cette attraction bienfaisante et la rompe, son honnêteté sans support suffisant peut plus facilement chanceler ou choir.

Les partisans de la morale indépendante de toute religion repoussent naturellement cette manière de voir. M. Coignet, pour soutenir cette thèse[1], fait observer que « les excès et les hontes ne dépendent

---

[1] C. COIGNET : *La morale indépendante dans son principe et dans son objet*, 1869, p. 126.

point d'une religion particulière, car la cour de nos rois très-chrétiens n'a pas grand'chose à reprendre à celle des Césars ». Il y a à reprendre à cette interprétation que ces rois dits très-chrétiens ne tenaient pas compte des préceptes moraux religieux, et qu'en s'y conformant au contraire, Louis IX est devenu le saint modèle de la morale parfaite, basée sur le catholicisme.

L'ensemble des idées aboutissant à la formule de la sociologie moderne est dérivé de la méconnaissance de ces lois morales, graduellement amoindries et battues en brèche par l'orgueil matérialiste. Nous avons montré cet orgueil faisant de l'homme le souverain suprême du monde par suite du progrès incessant des sciences. En révélant, dans le monde, des perfections de plus en plus grandes et inconnues jusque-là, ces sciences auraient dû, au contraire, le porter à se reconnaître un souverain inférieur à l'auteur suprême des merveilles découvertes, ou qui sont à découvrir encore.

Il n'en a pas été ainsi. La sociologie de la philosophie positive a admis sans conteste cette prétendue souveraineté individuelle complète, qui est la négation, complète également, de toute autorité supérieure à l'individualité humaine. Cette souveraineté poussée à l'extrême est, en politique, l'illusion humanitaire du moment. Elle est le principe de l'état révolutionnaire, que M. Littré fait découler du

« doute général qui s'est glissé peu à peu touchant la conception théologique du monde », c'est-à-dire de l'affaiblissement des idées religieuses, dont il démontre ainsi malgré lui la supériorité. Mais ce qui prouve combien peu les adeptes de cette doctrine subversive s'entendent entre eux, c'est que M. Littré trouve la révolution encore trop entachée du passé catholico-féodal pour ne pas avoir beaucoup d'incompatibilités « avec les véritables tendances de l'esprit moderne [1] ». On conçoit dès lors dans quel abîme conduit cet esprit moderne ainsi compris !

Les conséquences forcées de la souveraineté individuelle, c'est-à-dire indéfiniment éparpillée, sont des plus nettes : c'est le rejet de toute autorité et celui de tout devoir remplacé par les droits de l'homme. Comme si un agrégat humain quelconque ou une simple famille pouvaient être complets sans un chef dirigeant! comme si tous les systèmes de gouvernement n'étaient pas gouvernements à la seule condition d'une autorité gouvernementale quelconque! Cette loi de l'autorité nécessaire se montre comme loi naturelle dans la famille, où le pouvoir du chef et la soumission des enfants s'allient aux droits et aux devoirs de tous. Il en est de même dans les états sociaux, qu'ils s'appellent monarchie, empire, république. Aucun ne se maintiendra qu'à la con-

[1] Ouvrage cité, pages 57 et 58.

dition de l'autorité et de la sujétion régulièrement combinées.

Quand dominent ces principes subversifs de la souveraineté sans autorité régulière, et qui, suivant Auguste Comte, « condamne indéfiniment tous les supérieurs à une arbitraire dépendance envers la multitude de leurs inférieurs[1] », il n'y a plus que l'animal humain livré sans frein à ses passions et s'y abandonnant. Cette souveraineté absurde, on l'a vue fonctionnant en 1793. Nous l'avons vue récemment encore s'exercer pendant les deux mois les plus sinistres de 1871 ! Les adeptes avaient tous naturellement la prétention de commander. Et comme il faut absolument des chefs dirigeants à tout agrégat humain, chacun prétendait l'être en vertu du principe. Dès lors, le simple caprice remplaçait la loi.

Et notez que le positivisme affirme qu'avec son indépendance souveraine l'homme suit une morale qui « s'étend, se développe et s'améliore », et que cette tendance au perfectionnement « se montre par des manifestations éclatantes » ! Ceci était écrit avant les manifestations éclatantes de la Commune, qui fusilla les otages et incendia Paris. Les positivistes pensent-ils la même chose aujourd'hui ? En les voyant ne pas répudier ouvertement les atro-

---

[1] *OEuvres*, t. IV, p. 33.

cités commises, il est permis de se le demander.

L'esprit dissolvant de ces doctrines funestes est aujourd'hui répandu par tous les moyens. Par une savante irrigation de la presse, le poison pénètre sûrement dans tous les bas-fonds. Doit-on craindre néanmoins de voir l'envahissement de ces doctrines submerger la vérité? Non, heureusement; car la vérité est éternelle, et par son élévation même échappera aux attaques des hommes.

Parmi les attaques dirigées contre les sentiments religieux, et qui font partie du programme agressif des matérialistes, on a trouvé la plus puissante dans un genre d'éducation préconisé avec une énergie persistante : l'éducation laïque.

A cette simple appellation nous pouvons prendre le positivisme en flagrant délit d'illogisme. La sociologie, que l'on prétend être fondée sur la biologie, agit au rebours de ce point de départ en exaltant l'éducation laïque! Qu'est-ce que l'enfant, sinon un être dont l'intelligence se développe graduellement, mais qui est avant tout sous l'influence morale de la maternité et de la paternité, dont vous ne tenez aucun compte? Les sentiments et les sensations sont la double source de ce qu'il peut apprendre. Mais les sensations pour agir ne nécessitent aucune intervention, elles sont naturelles, et l'intervention dite laïque n'a rien à y voir. Et quant aux sentiments, qui demandent à être entretenus et dirigés, c'est l'affaire des chefs de la famille, et d'abord de la mère, qui est la principale et la première attache des sentiments affectueux de l'enfant. Les positivistes ne sauraient répudier cette raison, car elle a été préconisée par Auguste Comte lui-même dans les derniers temps de sa vie.

Auguste Comte considérait la famille comme un des éléments universels de la société humaine, comme « la source principale des éléments sociaux,... comme la seule école où les hommes puissent apprendre le désintéressement et contracter l'habitude des sentiments et de la conduite que demandent les relations sociales ». Il pensait en outre que « le rôle assigné aux femmes est d'améliorer l'homme par l'entremise de ses affections, et d'élever les enfants qui, jusqu'à l'âge de quatorze ans, où l'instruction scientifique commence, doivent recevoir toute leur éducation de leur mère ».

Cette dernière manière de voir de Comte est exagérée; mais il n'en est pas moins vrai que le père et la mère, dans la mesure de l'intelligence infantile graduellement croissante, doivent apprendre à leurs chers enfants à faire le bien et à éviter ce qui est mal. Les uns et les autres, parents et enfants, éprouvent un bonheur intime si grand dans le cœur de la famille, que la reconnaissance envers l'auteur principe de ce bonheur ineffable est un premier devoir à accomplir. De là le pieux sentiment qui fait apprendre à l'enfant à s'agenouiller et à joindre ses petites mains pour prier Dieu. Parents et enfants sont bien à plaindre s'ils échappent, par indifférence ou par haine, à cette douce tendance morale, qui est l'indispensable nécessité de la première éducation !

Que peut avoir à faire ici l'instruction laïque? En quoi les définitions abstraites des mots de grammaire dont on bourre la tête de l'enfant sans être comprises, et que leur langue répète comme un exercice imposé, ont-elles le pouvoir de concourir à l'éducation de cette jeune intelligence?

Oublier volontairement d'agir sur les sentiments dans cette première éducation, c'est faire une œuvre stérile; c'est même commettre la plus mauvaise en même temps que la plus absurde des actions. C'est pervertir indirectement le jeune être moral dans sa fleur; c'est s'attaquer à la famille même. Le socialisme ne s'en cache pas d'ailleurs; tout enfant naissant devient pour lui un citoyen appartenant à l'État, qui doit en prendre charge, et dont le père et la mère ne doivent avoir que le dépôt !

Quant à l'éducation secondaire destinée à des jeunes gens, il est insensé de les considérer comme des hommes faits, comme il est coupable de préconiser pour eux une instruction sans l'idée de Dieu, c'est-à-dire sans support pour le devoir ni pour la vraie morale. En agissant ainsi, on permet à la jeunesse de s'abandonner à ses passions si vivaces, et l'on pervertit ses bons sentiments, que l'on fait dévier vers l'indifférence et le mal ; enfin, en flattant son orgueil, on affaiblit les liens de la famille.

A quoi bon d'ailleurs discuter davantage cette question du laïcisme des écoles ? Il n'est pas de despotisme politique qui puisse empêcher les parents d'élever leurs enfants à leur guise en dehors du laïque et de l'obligatoire. C'est une simple question de conscience qui, au nom même de la liberté, échappe absolument, comme la pensée elle-même, à toute persécution, cette persécution fût-elle légale. La science conduisant à la nécessité de l'existence de Dieu, et l'homme, savant ou non, étant avant tout un être moral, l'éducation et l'instruction ne peuvent pas répudier la religion. Tous les enfants de la France élevés dans cette voie et devenus hommes, vous les compterez toujours au nombre des plus solides défenseurs de la patrie. C'est d'eux que l'on peut dire, à propos de la dernière guerre et des autres, que « l'expérience en témoigne ».

Ainsi « la subordination de l'éducation à la conception positiviste du monde, avec laquelle l'intelligence et le cœur doivent être en relation intime », est manifestement une erreur. Le cœur, ou plutôt les sentiments n'ont rien à faire dans la théorie du positivisme, puisqu'ils y sont supprimés, malgré leur réalité incontestable dans la *nature cérébrale* de l'homme.

Des libéraux pleins d'honnêtes intentions considèrent comme indifférente l'éducation laïque ou religieuse, mais tiennent à l'instruction obligatoire dans l'État. On crie bien haut qu'il faut instruire le peuple, qu'il faut lui donner des connaissances qui élèvent son intelligence, inspirent son jugement et dirigent ses actions. Dans ce but, on préconise le matérialisme. « Si les matérialistes avaient le pouvoir sur la terre, dit le docteur Büchner, chez qui l'emphase remplace les bonnes raisons, on n'entendrait bientôt plus parler d'une maladie qui peut être appelée le typhus de la faim ; les établissements pénitenciers ne formeraient plus le moteur principal du mécanisme social, et il n'y aurait pas chaque jour des phénomènes faisant entrevoir un abîme de misère et de dépravation[1]. » Quelle fausse illusion de croire que le peuple étant instruit et matérialiste, de là dériveraient l'ordre, l'harmonie de l'état social, et le bonheur éternel et puissant de l'humanité, pour laquelle l'ère des révolutions serait close ! Hélas ! l'ère de la Commune, dirigée par des chefs ayant une instruction matérialiste, est venue démontrer tout le contraire ! Et malheureusement cela n'empêche pas d'entendre continuer les affirmations

---

[1] Buchner, ouvrage cité, p. 39.

sur la nécessité de l'instruction matérialiste pour le bonheur des hommes.

Que l'homme s'éclaire, quoi de plus désirable? Seulement la science, qui est une nourriture de l'esprit, ne doit nullement suffire; il y a la science morale qui est d'une haute importance, puisqu'elle dirige dans les droits à exercer, dans les devoirs à remplir, et qu'elle empêche les aliments de l'intelligence d'être mélangés de poisons comme le peuvent être les aliments du corps. Auguste Comte, ayant poussé aussi loin que possible son étude positiviste des sciences, en est venu, à la fin de sa vie, à reconnaître qu'il faudrait ajouter aux sept divisions de sa théorie une huitième division, au-dessus même la sociologie, qui était cependant la science culminante de son édifice; et ce couronnement nouveau serait la science de la morale! M. Littré n'a pas accepté cette division de Comte, en cherchant, comme on l'a vu, à faire rentrer la morale dans les conséquences de la doctrine [1].

En préconisant, même de bonne foi, les idées relatives aux progrès de l'instruction, on a tort de croire que l'on donnera une base plus solide à la société. L'honnêteté la plus parfaite se rencontre

---

[1] Auguste Comte a été jusqu'à considérer l'intellect comme l'élément de la nature humaine qui a le plus grand besoin d'être tenu en bride, et comme le plus turbulent et le plus perturbateur de tous les éléments moraux.

bien fréquemment chez l'illettré, et l'on sait que la statistique criminelle comprend proportionnellement des lettrés en plus grand nombre que des hommes qui ne le sont pas. C'est un fait acquis et constaté par les statistiques criminelles des différents pays, et il est assez surprenant que Büchner vienne dire que l'expérience prouve que partout « crime est presque synonyme d'ignorance, de grossièreté, de manque d'éducation [1] », quand on voit son pays, l'Allemagne, où l'instruction est beaucoup plus répandue qu'en France, compter *six fois plus* de crimes que dans le nôtre [2] ! C'est parmi les demi-savants surtout, le fait est bien démontré aussi, que l'on rencontre les plus ardents ennemis de l'ordre dans la société.

L'émule de Comte, le positiviste Raucourt, avoue que le peuple le plus civilisé et le plus instruit n'est pas celui qui arrive, par cela même, au bonheur que visent toutes les conceptions philosophiques. Il cherche à donner à sa manière « l'explication de ce renaissant sujet d'étonnement, toujours éprouvé, quand on voit des peuples pauvres et ignorants qui sont heureux et dans un état de force et de prospé-

---

[1] Ouvrage cité, p. 49.
[2] On doit certainement admettre dans cette proportion des crimes d'autres mobiles que l'instruction, mais le fait statistique que nous venons de rappeler n'en est pas moins une objection sérieuse à la doctrine de Büchner.

rité ascendantes, tandis que des peuples riches et instruits sont malheureux, tourmentés et en pleine décadence[1] ».

Cet aveu est précieux à enregistrer. Par une contradiction très-fréquente dans le jeu de l'intelligence positiviste, l'aveu n'empêche nullement l'auteur de continuer à préconiser la civilisation comme la puissance régulatrice la plus active du vrai bonheur et *de la vertu!*

Il ressort clairement de ce qui précède qu'il n'y a pas de loi scientifique qui serve de base à l'état social. Il y a une double loi morale indéniable, religieuse et politique, comprenant l'une et l'autre l'autorité nécessaire et la soumission, tout aussi indispensable.

Le législateur, outre l'instruction, qui n'est pas la science proprement dite, et encore moins la biologie, doit avoir avant tout du jugement, le bon sens logique, et cette honnêteté ferme, exempte d'ambition, sans compromis dans le devoir, qui accorde volontiers aux autres les droits qu'elle désire pour elle-même, et qui respecte leur conscience et leurs croyances, comme elle entend et veut que les siennes soient respectées.

La méconnaissance des principes moraux et religieux, que l'on voit partout battus en brèche, avilit

---

[1] RAUCOURT, ouvrage cité, p. 369.

le principe d'autorité, cette vérité de premier ordre dans tout état social. On oublie trop aussi que le principe de la famille est le type de l'état social. On arrive de la sorte à vouloir substituer la révolution en permanence à l'ordre régulier et nécessaire ; à préconiser la révolte, par conséquent, à la place de l'autorité ; à opposer l'infraction coutumière des lois établies à la justice ; l'athéisme à la religion, et à mettre l'homme au-dessus de Dieu. Tout cela fait corps et se tient.

L'orgueil que donne la prétendue souveraineté individuelle : voilà la véritable cause de la déviation intellectuelle et morale de notre époque. La science n'y est pour rien, elle n'y peut rien ; et il n'est pas juste de dire que chacun de ses progrès soit, comme on l'a dit, la conquête d'un « nouveau domaine à l'ordre et à la légalité[1] ». On signale faussement cette science comme la base de l'état social, ainsi qu'on l'a vu, tandis que ce n'est qu'une arme de parade, sans solidité aucune au point de vue politique, mais dont on se sert parce qu'elle brille et que son éclat séduit et trompe.

Nous ne saurions poursuivre ce sujet sans pénétrer trop avant dans la politique au delà du but que nous nous sommes proposé.

Concluons que toute société régulière et durable

---

[1] BUCHNER, ouvrage cité, p. 43.

doit avoir pour base la double nécessité du respect absolu de l'autorité, de la loi civile, et du respect non moins absolu de la loi religieuse et morale, qui prescrit l'accomplissement des devoirs, que l'on ne doit pas négliger et encore moins dédaigner, pour mettre les droits seuls en première ligne, comme on l'a fait en 1789, sous le nom d'immortels principes. Il n'y a d'immortel que la vérité tout entière.

Le positivisme, qui admet que la sociologie puise sa constitution dans l'histoire des peuples, ne tient pas plus compte que s'il n'avait jamais existé, du fait historique incommensurable qui existe *seul intact* depuis près de deux mille ans; qui est et qui sera toujours, quoi qu'on fasse, la meilleure boussole du monde; d'un fait dont le héros a été, non pas un conquérant illustre par les armes et par la puissance terrestre, mais un supplicié, sublime dans son humble condition apparente, et néanmoins si puissant par sa parole divine, que cette parole a révolutionné le monde en formulant la morale chrétienne. Cette morale résiste toujours pleine de vie aux attaques les plus énergiques et aux persécutions les plus tenaces. C'est cependant un fait social incomparable que cette pérennité de préceptes si simples et si féconds à la fois : si simples, puisqu'ils se résument dans ces deux formules : *Aimez Dieu; aimez-vous les uns les autres;* si féconds, puisqu'ils ont envahi le monde et s'y sont perpétués. Le succès vivace de cette doctrine démontre, mieux que tous les raisonnements, la nécessité pour l'homme de ne pas borner ses aspirations aux choses matérielles.

En apparence, les matérialistes ou les indifférents à l'existence de Dieu peuvent former une société coordonnée, plus ou moins bien légale, ayant une superficielle probité, un ordre factice et un bien-être matériel incontestable; mais cette société n'est qu'un être de raison. Cette agrégation d'individus, ce peuple en tant que représentant une masse de populations diverses, mais vivant sous l'empire directeur de ces institutions dites régulières, peut être comparé à un individu en apparence bien portant, mais qui aurait dans la profondeur de ses organes une maladie cachée, ne se révélant, pendant un certain temps, par aucun symptôme manifeste. Mais bientôt la souffrance apparait; des signes, vagues d'abord, puis bien accentués, se révèlent indubitables; le mal empire, la dissolution est imminente, et la mort est proche. Voilà ce que nous avons socialement en perspective et ce qui nous menace, à moins que, dans la lutte, on ne parvienne à donner à l'état social ses véritables bases, dont la philosophie dite positive nous éloigne.

CHAPITRE VIII

LES FINS DE L'HOMME ET LA SCIENCE.

Que deviendra l'humanité ? — Que devient l'individualité humaine ? — Morts incessantes; naissances compensatrices. — Comment comprendre la mort? — L'âme ne peut être anéantie. — La science n'est opposée ni à son immortalité ni à la résurrection. — Ce que laissent après eux les hommes.

On peut envisager, au nom de la science, les fins de l'homme à deux points de vue différents, en ayant égard à l'humanité tout entière, ou bien à l'individualité humaine.

L'humanité disparaîtra-t-elle tout entière ? Le matérialiste, admettant l'immanence de la matière et des forces de l'univers, affirme avec assurance que notre monde et par conséquent l'humanité sont éternels. Nous avons montré cette hypothèse de l'immanence comme étant insoutenable et condamnée par la science elle-même : elle démontre que le monde a commencé et par conséquent qu'il peut finir.

Il est intéressant de rappeler d'abord, selon la science, les conditions rendant possible la cessation de toute vie sur la terre.

En premier lieu, le soleil pourrait s'éteindre avec le temps, comme on a constaté l'extinction de certaines étoiles qui ont disparu du firmament. Nous ne savons pas en effet comment s'alimente la combustion du soleil, et il pourrait se faire, à la longueur des siècles, que ses éléments combustibles vinssent à manquer. On a vu que sans sa chaleur et sa lumière envoyées à la terre, tout ce qui vit sur notre globe serait mort, sans pouvoir se raviver. L'extinction du soleil serait donc l'anéantissement de l'humanité telle que nous la voyons. En second lieu, cette humanité pourrait périr par le fait du simple arrêt des mouvements de la terre dans l'espace. Cette interruption de mouvement produirait un tel effet sur le globe terrestre qu'il serait entièrement anéanti! On peut dire anéanti, malgré la persistance de ses éléments, puisque sa masse entière se perdrait en une simple vapeur. Tyndall explique la possibilité de ce résultat extraordinaire en faisant remarquer que, par l'arrêt de la terre, la transformation de son mouvement en chaleur élèverait la température du globe à 384,000° centigrades, ayant pour résultat certain la vaporisation de toutes ses matières sans exception [1].

[1] TYNDALL : *La chaleur mode de mouvement*, p. 32.

En disant que l'humanité tout entière peut cesser d'exister, soit par l'extinction du soleil, soit par l'arrêt des mouvements de la terre, on ne parle que de la possibilité problématique de la disparition des hommes de notre monde. Mais la même théorie thermo-dynamique, révélant la possibilité de la destruction subite de la terre, nous démontre qu'il y a réellement dans les masses matérielles de l'univers un progrès, très-lent sans doute, mais continu, vers l'état du repos relatif. Cette tendance a lieu par suite de la transformation graduelle des forces vives des masses en forces simplement moléculaires. Or, si l'on arrive à cette transformation complète, la vie aura disparu partout. Nous nous contentons de rappeler ce fait formulé par la science, parce que son explication technique nous entraînerait trop loin, et que son simple énoncé suffit à notre dessein [1]. Il démontre que le globe terrestre et par conséquent l'espèce humaine ne seront certainement pas éternels comme l'affirme le matérialisme.

Cette question de la fin de l'humanité, résolue par la science, ne saurait d'ailleurs être applicable qu'à un temps à venir infiniment éloigné ; et elle nous offre par cela même moins d'intérêt actuel que

---

[1] On peut consulter à ce sujet : E. CARO : *Le matérialisme et la science*, note B, p. 287 ; — DUPRÉ (de Rennes) : Compte rendu de l'Académie des sciences, octobre 1866 ; — la *Revue des cours scientifiques*, 5ᵉ année, nº 10.

la fin des individualités humaines se succédant sans relâche par la mort.

Cette terminaison de la vie humaine individuelle est inévitable, fatale pour tous. Qu'elle survienne plus tôt ou plus tard, aucun être humain n'est exempt de justifier la qualification de mortel. Cette fin sur la terre est donc une condition d'un grand intérêt, si l'on recherche en quoi consistent cette mort et ses suites, même en effleurant ce grave sujet en vue de la science.

Et d'abord comment doit-on comprendre la mort?

Considérée comme fait général, la disparition des hommes de la surface du globe terrestre est des plus saisissantes dans son évolution. Sur le milliard d'êtres humains auquel on estime approximativement le nombre des vivants sur la terre, il en meurt chaque année un nombre très-considérable, mais dont le chiffre ne saurait être fixé d'une manière certaine.

D'après des calculs approximatifs on peut dire qu'en moyenne chaque coup de balancier marquant une seconde révèle en même temps la mort d'un homme sur la terre. Et comme cette mort ne chôme pas plus que le temps lui-même, chaque heure met fin à environ 3,600 existences humaines. Pendant le temps que met notre globe à effectuer sa révolution de vingt-quatre heures, d'un lever du soleil à celui du lendemain, la mort a frappé plus de 86,000 êtres humains. Cela fait qu'au bout d'un an, — en une seule année! — sans repos ni trêve, plus de 31 millions d'entre eux passent de vie à trépas! Un siècle écoulé en aura vu périr plus de 3,000 millions, ou trois milliards. Et c'est à peine si, dans cent ans, du milliard qui existe aujourd'hui, il restera quelques centaines de survivants, dispersés et comme oubliés à la surface du globe, centenaires décrépits, ayant à vivre encore seulement quelques jours de grâce, excitant l'étonnement, la pitié et le respect, si toutefois le respect de la vieillesse n'est pas alors par trop amoindri.

Quelle hécatombe gigantesque! Et combien d'existences passées ont été ainsi détruites depuis des milliers d'années! Si une seule en absorbe plus de trente millions, en mille ans on en compterait plus de *trente milliards!* On reste surpris et effrayé devant ce calcul progressif, devant ce prodigieux anéantissement de corps humains, qui présentent cependant tous la même organisation merveilleuse.

Comme compensation d'ordre supérieur à ce triste tableau, il y a les naissances, incessantes aussi et plus nombreuses que les morts, qui viennent combler les vides et entretenir la vie de cette humanité, individuellement si fragile. Ces naissances devaient être plus nombreuses, en raison de la mortalité infantile, qui atteint près de la moitié des enfants pendant les dix premières années de l'existence.

L'être vivant le plus parfait de cette terre s'y renouvelle et meurt, comme on le voit, avec une profusion bien extraordinaire, qui ne peut être que légèrement atténuée par l'observation des prescriptions formulées par la science. Quelle cause puissante agit dans ce renouvellement et cette destruction incessante et incommensurable? D'après les matérialistes, ce serait simplement en vertu d'une loi naturelle, indépendante, même à son origine, de toute intervention supérieure à l'homme.

C'est là une erreur des plus manifestes. Aucune loi, nous l'avons dit, n'a d'action par elle-même ; il faut donc absolument qu'il y ait une puissance active qui ait présidé à cet immense drame, se déroulant à notre imagination avec une désespérante régularité, et dont l'homme vivant ne peut être que le spectateur impuissant! Quelle autre cause qu'une suprême intelligence pourrait diriger l'évolution, si régulièrement ordonnée dans son ensemble et ses infinis détails, de cette succession sans fin des êtres qui composent l'humanité? Quelle autre puissance aurait le pouvoir, en vue de la perpétuité de cette humanité sans cesse renouvelée, de compenser les pertes subies par un excès dans le nombre des naissances, par rapport à celui des morts? Enfin, comment concevoir autrement cette admirable proportion dans le nombre des sujets des deux sexes,

l'un par rapport à l'autre? Le doigt de Dieu est là!
Il n'est pas permis d'en douter.

Quelle clarté d'ailleurs dans cette intervention, qui seule permet de bien comprendre l'évolution de l'humanité, subissant, comme la succession de toutes choses, une impulsion supérieure! L'humanité obéit irrévocablement, forcément à cette impulsion; elle en est une conséquence, comme la perpétuation des végétaux et des animaux : c'est la raison et le simple bon sens qui le disent.

Entre Dieu et l'humanité, quelle est la cause intermédiaire d'où résultent ces morts et ces naissances innombrables? La science vraie, celle qui mène à Dieu, en étudiant l'homme, trouve sur son chemin l'âme humaine; cette âme est l'intermédiaire obligé, nécessaire, que cette science est forcée de reconnaître comme le principe immédiat de la vie qui s'attache au germe humain dès sa formation, et qui préside à la vie et à la forme de l'être humain s'épanouissant et se développant. Que l'on disserte longuement sur la nature et les propriétés de l'âme, que l'on soit ou non d'accord au point de vue de l'ontologie, toutes les discussions passées et à venir sont en dehors de l'existence de ce principe de vie, sans lequel l'homme ne saurait complétement se comprendre.

Dès lors la science nous conduit à reconnaître que la mort consiste dans la séparation du corps et de l'âme. Elle nous montre que ce corps mort subit uniquement, dans l'inertie de son ensemble, l'influence des milieux où il se trouve, en se dissolvant par la putréfaction. Cette dissolution seule montre bien que le principe de vie et d'intelligence de l'homme, l'âme qui maintenait ce corps dans sa forme pendant toute la durée de son existence, et qui présidait alors à l'entretien et au renouvellement de ses molécules substantielles, s'en est éloignée, puisque cet entretien et ce renouvellement cessent complétement par le fait de la mort.

Cependant le matérialiste, qui ne reconnaît aucune puissance supérieure à la sienne dans le monde, voyant autour de lui tout disparaître, tandis qu'il ne peut voir de ses yeux l'âme quitter le corps, pense qu'il ne reste rien de lui-même par le fait de la mort, si ce n'est l'ensemble des éléments matériels de son corps, se désagrégeant dès lors pour former des combinaisons nouvelles, sans jamais se perdre entièrement.

Cette conception matérialiste, dite scientifique, est aussi fausse dans l'application dégradante qu'elle en fait que dans son point de départ, consistant à considérer l'homme comme une machine mise en mouvement et vivant par la seule action des forces naturelles, et qui serait soumise, comme tous les corps terrestres, à la fatalité et au hasard érigés en lois[1]. Nous avons fait justice de cette théorie prétendue scientifique en démontrant, au nom de la science même, l'existence nécessaire de Dieu et de l'âme humaine.

Le seul fait de l'existence de l'âme humaine implique la réalité incontestable de la séparation de cette âme et du corps, comme terme de l'existence terrestre. Nous savons ce que devient le corps humain au moment de cette séparation, mais que devient l'âme? Selon la science positiviste, il n'y a pas à s'occuper de cette question. Selon la science franchement matérialiste, l'homme, avons-nous dit, est entièrement anéanti par la désagrégation chimique matérielle de son corps. La science, on le voit, étant dans l'impossibilité de donner par elle-même la solution du problème, se borne à nier que de l'homme il puisse rester une âme survivant à la destruction matérielle du corps. En dehors de tout dogme religieux, dont nous ne voulons pas nous occuper ici, il nous sera bien permis de montrer que cette négation de la science est une erreur,

---

[1] La conséquence pratique de la négation matérialiste, c'est que le corps mort, n'étant pas l'expression matérielle d'une âme, est simplement une pourriture nuisible aux vivants, et qu'il faut enfouir dans la terre sans honneurs religieux. Mais alors pourquoi cette parodie de cérémonies funèbres, voulant faire honneur à une chose qui n'en mériterait aucun? L'enterrement civil n'est donc rien de plus qu'une absurde manifestation publique d'athéisme, et une insulte gratuite aux croyants!

et que des preuves, que l'on peut dire de son domaine, conduisent à admettre des vérités qui se rattachent manifestement à ces dogmes, placés au-dessus de la sphère scientifique de l'étude de la matière.

Je n'ai pas à revenir sur les preuves de l'existence de l'âme humaine, sans laquelle, on l'a vu [1], il serait absolument impossible de comprendre la vie de l'homme. Or, comme l'âme existe dans chaque être humain, et que rien ne se perd absolument selon la science dans la nature : ni la matière, dont les éléments subissent des combinaisons toujours nouvelles, ni les forces physico-chimiques, qui se transforment seulement, sans pouvoir être annihilées dans ces combinaisons ou ces transformations ; rien ne se perdant, en un mot, de cette matière ou de ces forces, l'âme, qui existe comme cette matière et comme ces forces, auxquelles même elle commande, ne saurait évidemment non plus périr. De plus, elle ne peut être corruptible comme le corps, car elle ne saurait être atteinte par la désagrégation putride. Elle survit donc à ce corps ; et en reconnaissant ainsi qu'elle est inaltérable, on ne peut plus nier qu'elle soit immortelle ; car il est impossible de la concevoir autrement.

Ici la science arguë de l'impossibilité de constater

---

[1] Voyez chapitre V, p. 184.

cette survivance et cette immortalité de l'âme. Sans doute les preuves directes font ici défaut; néanmoins les preuves indirectes, l'analogie et la logique, ne manquent pas, comme elles ne nous ont pas manqué pour démontrer la nécessité de reconnaitre, au nom même de la science, l'existence de Dieu et celle de l'âme.

Ce Dieu si puissant, dont l'intervention explique si bien tout ce qui est ordre dans l'univers, et si bon qu'il infiltre partout sa bonté avec les preuves de sa puissance, pourrait-il donner la vie à l'humanité avec tant de largesse, pour anéantir ensuite tous les hommes sans exception? Est-il permis d'admettre que l'homme ait une prévoyance incontestable dans beaucoup de ses actes, et que la suprême intelligence du monde en manque, et fasse simplement passer à l'homme un moment sur la terre, sans s'occuper des suites de ce séjour? Comment! il aurait fait de l'être humain la perfection des êtres terrestres, pour destiner tous les hommes sans exception à entrer dans le néant! Certains humains jouiraient sur la terre de toutes les satisfactions de la vie, de tous les bonheurs de la famille, d'autres sentiraient les angoisses des besoins nécessaires à l'existence, ou bien auraient le cœur brisé par ces séparations hâtives de chers aimés, ici-bas perdus; et une pareille inégalité serait sans compensations futures! Non! Cela ne peut pas être. L'idée seule de Dieu et de sa parfaite justice ne permet pas de le supposer. Cette même source indéniable de toute justice ne saurait laisser croire qu'elle ne réserve pas, au delà de la mort, une récompense aux hommes qui s'en seront montrés dignes. En vain nous dira-t-on que ce sont des raisons de sentiment qui n'ont rien de probant. Est-ce que les sentiments n'occupent pas, dans l'ensemble de notre organisation humaine, une large place, et n'est-il pas impossible de raisonner comme s'ils n'existaient pas? Il y a, dans les sentiments affectifs si profonds que les membres d'une famille ont les uns pour les autres, et dans la tendresse des souvenirs, une preuve de plus qu'au delà de la tombe tout n'est pas fini pour les êtres chéris qui les provoquent. Les angoisses de ces cruelles séparations sont des liens indéniables qui nous unissent aux objets aimés disparus, et qui deviennent tristement douces avec le temps, par l'espérance que l'on a de retrouver les siens. S'il n'en était pas ainsi, nous serions comme les animaux, dont la progéniture devient si facilement indépendante et étrangère à tout lien de parenté?

L'homme sans son corps ne saurait se concevoir, objecte encore le matérialiste; et en supposant une âme survivant au corps, on doit considérer l'homme comme disparu indéfiniment de la scène du temps comme de la scène de notre monde matériel, rien ne pouvant démontrer que l'homme mort puisse redevenir lui-même, âme et corps à la fois, dans la suite des temps.

S'il s'agissait de démontrer directement cette résurrection, la chose serait impossible. Mais la science en établit la possibilité, en prouvant qu'en dernière analyse tout le corps humain, malgré la multiplicité de ses organes, n'est composé matériellement que d'oxygène, d'hydrogène, de carbone, d'azote et de quelques autres éléments en quantité insignifiante. L'intervention de l'âme ayant suffi pour coordonner ces éléments de manière à en façonner un homme vivant, il est très-concevable que Dieu puisse mettre cette âme en nouveau rapport avec ces éléments matériels, pour qu'elle les coordonne de nouveau, et nécessairement alors avec la forme primitive. Cette coordination possible, nous la voyons s'effectuer tous les jours sous nos yeux dans chaque conception et chaque naissance humaines, et se répéter pendant la vie par le changement identique et plusieurs fois répété du même corps humain. (Voyez. p. 189.) Enfin, n'est-il pas concevable encore que l'homme revivifié puisse être mis dans un milieu favorable à une vie indéfinie? Car la vie limitée par la mort sur la terre est bien autrement difficile à concevoir au point de vue scientifique.

Un dernier mot encore sur ce qui survit à l'homme en dehors de son corps sur la terre. Son âme, servie par ce corps, y laisse des traces de son passage : des souvenirs et des œuvres.

Parfois le mourant est considéré à juste titre comme un bienfaiteur de l'humanité, pour une vie de dévouement fructueux envers ses semblables. D'autres fois il laisse des écrits dont l'influence honnête ou perverse, comme les actes de sa vie passée, s'exerce non-seulement sur les contemporains, mais encore sur les générations qui suivent. Outre ses actes, l'homme titré, honoré, enrichi, laisse le souvenir d'une position enviée; mais ce souvenir s'évanouit rapidement, comme la fumée à laquelle ont été justement comparés les honneurs.

Ces privilégiés, comme ceux qui, durant leur vie, n'ont aspiré ni à la renommée, ni à la gloire, ou n'ont rien fait pour y arriver, ont, pour la plupart, vécu de la vie de famille. S'ils s'y sont épanchés dans leur entourage en sentiments bienveillants et affectueux; si, hors du foyer, ils ont eu pour leurs semblables malheureux la main et le cœur ouverts; s'ils ont pu incruster leur affection dans l'affection réciproque d'un ami, ceux-là laissent en s'en allant des souvenirs dont la suavité si triste et si douce à la fois a une source certainement très-élevée : Dieu, à qui ils doivent rendre hommage. Les matérialistes tenteront toujours en vain de faire simplement de ces *phénomènes* des mouvements de la substance cérébrale ; l'homme, seulement matière, ne laisserait après lui que des choses matérielles.

Nous venons de voir que la science a des aboutissants qui peuvent atteindre aux questions les plus ardues. Il suffit pour cela que l'on n'enchaîne pas l'esprit humain qui veut aller en avant. On ne saurait trop le répéter : c'est la libre pensée, telle qu'on la comprend aujourd'hui, qui est véritablement l'obscurcissement de la vérité.

TABLE DES MATIÈRES

CHAPITRE PREMIER

COMMENT ON DOIT ENVISAGER LA SCIENCE.

I. — Difficultés de définir la science. — Son but réel. — Faits matériels au delà desquels on ne veut aller. — Prétentions de la philosophie positive. — Sa mesquinerie scientifique. — Nécessité d'embrasser la science tout entière. 3

II. — Valeur des principes du positivisme. — Sa classification des sciences. — Sa signification. — Son despotisme. — La libre pensée. — Comment doit être envisagé l'ensemble de la science. — Insuffisance des démonstrations du matérialisme et du positivisme. 16

CHAPITRE II

LA MATIÈRE ET LES FORCES.

I. — Qu'est-ce que la matière ? — Difficulté de la définir. — Matière des astres. — Composition physique des corps. — Origine de la matière. — Opinion hardie des matérialistes. — Leurs hypothèses comme principes. 33

II. — Forces physico-chimiques. — Comment les comprendre ? — Mouvement universel. — Gravitation. — Unité et pluralité des forces. — Leur transformation. — Prépondérance de l'action du soleil sur la terre. — La chaleur.   42

III. — Le tout de l'univers dans la matière et les forces, suivant les matérialistes. — Forces indépendantes des corps. — Confusion de Büchner à cet égard. — Erreurs des matérialistes. — Leur impuissance pour expliquer la gravitation. — Une force naturelle ne donne pas spontanément la vie. — Extension abusive du mot *force*.   48

CHAPITRE III

LES CAUSES PREMIÈRES ET LA SCIENCE.

Causes en général.   63

I. — Abstraction au-dessus de toute matière. — Gravitation. — Ordre partout, nié par les matérialistes, qui admettent une activité propre à la matière, le fortuit et le nécessaire en toutes choses, et la spontanéité de la matière. — Accommodation intelligente des conditions du monde. — Action du soleil. — Nécessité d'une cause première ou de Dieu. .   65

II. — Objections des matérialistes à l'idée de Dieu. — Réfutation. — L'idée de cette existence ne gêne en rien le savant. — Action providentielle et surnaturelle. — La nature prise pour Dieu.   86

CHAPITRE IV

ORIGINE DE L'HOMME.

Le transformisme ou Darwinisme. 111

I. — Deux variétés différentes. — Transformisme de Lamarck et de Darwin. — Leur base insuffisante. — Leurs preuves sans valeur scientifique. 114

II. — Évolution des êtres dans cette théorie. — Premiers germes. — Explication erronée des matérialistes. — Insuffisance de la seule intervention des forces naturelles. —

Preuve d'Agassiz de la non-transformation. — Aveu de
M. Darwin. 133

III. — Théorie de l'apparition des premiers germes et de
l'homme sur la terre. — Dilemme. — Première graine. —
Intervention intelligente nécessaire. — Intervention de Dieu.
— OEuf humain. — Création de même ordre que celle des
germes végétaux. — Analogies et différences avec les pensées humaines créatrices. 144

IV. — Insuffisance de la science anthropologiste pour établir
l'origine de l'homme. 162

CHAPITRE V

ORGANISATION HUMAINE.

I. — Mouvements de l'homme matériel compliqué dans son
unité. — Équilibre statique de son corps ; impossibilité de
l'imiter. — Idée générale de l'homme-machine. — Rapports
et différences avec les machines industrielles. 173

II. — Le mouvement attribut et non essence de la vie. — Vie
végétative. — Direction intelligente, nécessaire pour toute
machine en action. — Principe directeur pour celle de
l'homme ; preuves de son existence. — Objections erronées
des matérialistes. — Forces physico-chimiques impuissantes
pour expliquer la vie nutritive. — Opinions diverses des chimistes. — Reproductions d'éléments organiques ; inductions
forcées. — Principes directeurs nécessaires. — Rôle du cerveau. — Théorie matérialiste inacceptable. — Le libre
arbitre et la fatalité. — Conclusions. 184

CHAPITRE VI

INTELLIGENCE ET POUVOIR DE L'HOMME.

L'homme dans l'univers. 227

I. — Puissance de l'homme. — Spécialité de son intelligence

pour l'acquisition progressive des connaissances scientifiques. — Moyens d'action de son intelligence dans la parole et l'écriture. — Spécialité puissante de la main, instrument indispensable aux conquêtes scientifiques, artistiques et industrielles. **229**

II. — Impuissance et sujétion de l'homme. — Son infirmité intellectuelle pour acquérir la science tout entière. — Impossibilité de connaître complétement une seule question scientifique. — OEuvres humaines imparfaites. — L'homme sans action sur l'évolution de sa vie. — Il est prisonnier sur la terre. **241**

III. — Ce qui fait l'homme vraiment grand. **258**

CHAPITRE VII

LA SOCIOLOGIE.

Sociologie de la philosophie positive. **261**

I. — Vie individuelle et vie de l'humanité. — Lois de l'histoire comparée à celle des sciences physiques. — L'homme automate et le fatalisme. — Succession non régulière des formes politiques. — Progrès forcés d'après le positivisme. — Interprétations historiques. — Erreur de dire l'état social sans support en dehors de la science. **262**

II. — Vraies conditions constantes de l'état social. — Familles et sociétés humaines. — Religion, éducation et morale des positivistes. — Science à la place de la religion. — Lois naturelles immanentes à la place de Dieu. — L'humanité Dieu du monde. — Religion de l'humanité ; sa morale. — Morale indépendante moderne. — Dieu principe moral. — Souveraineté individuelle. — Éducation laïque méconnaissant la biologie. — Instruction et civilisation. — Cause de la déviation intellectuelle et morale du temps présent. — Conclusion. **273**

CHAPITRE VIII

LES FINS DE L'HOMME ET LA SCIENCE.

Que deviendra l'humanité ? — Que devient l'individualité humaine ? — Morts incessantes ; naissances compensatrices. — Comment comprendre la mort ? L'âme ne peut être anéantie. — La science n'est opposée ni à son immortalité ni à la résurrection. — Ce que laissent après eux les hommes. 303

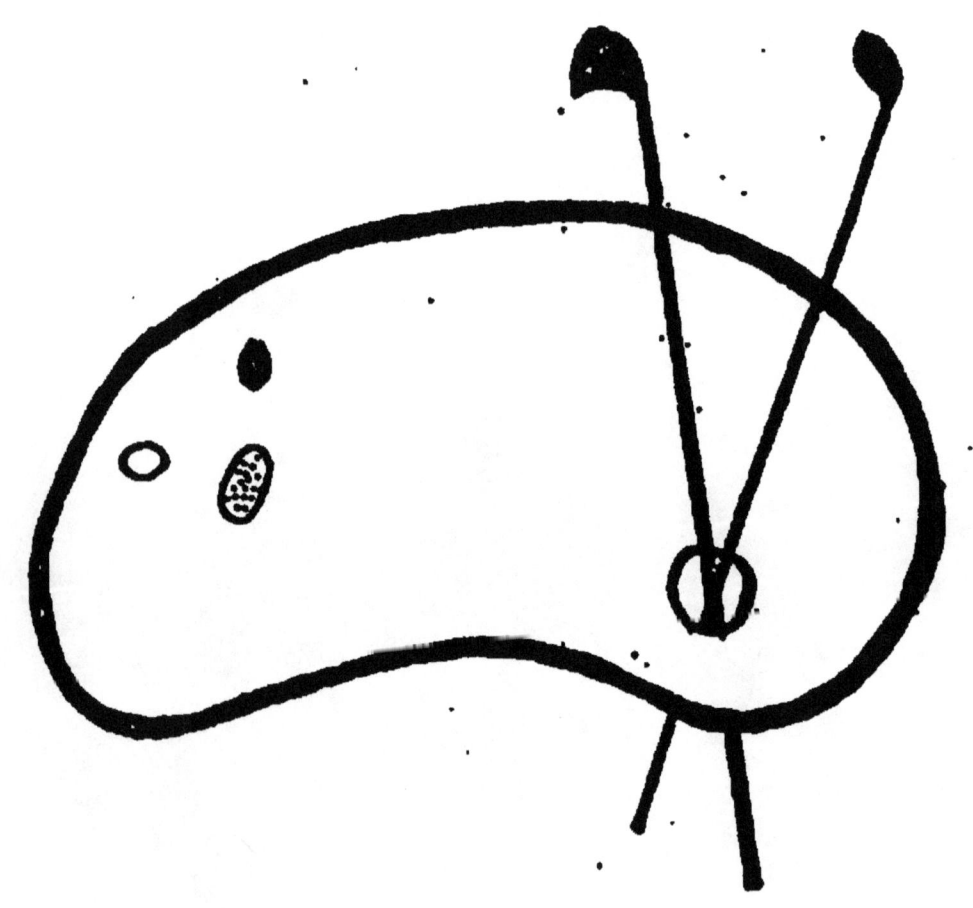

ORIGINAL EN COULEUR
NF Z 43-120-8

www.ingramcontent.com/pod-product-compliance
Lightning Source LLC
Chambersburg PA
CBHW070946180426
43194CB00041B/1108